Elisabeth Schneider-Böklen

Der Herr hat Großes mir getan

Elisabeth Schneider-Böklen

Der Herr hat Großes mir getan

Frauen im Gesangbuch

Fromm Verlag

Impressum / Imprint
Bibliografische Information der Deutschen Nationalbibliothek: Die Deutsche Nationalbibliothek verzeichnet diese Publikation in der Deutschen Nationalbibliografie; detaillierte bibliografische Daten sind im Internet über http://dnb.d-nb.de abrufbar.

Bibliographic information published by the Deutsche Nationalbibliothek: The Deutsche Nationalbibliothek lists this publication in the Deutsche Nationalbibliografie; detailed bibliographic data are available in the Internet at http://dnb.d-nb.de.

Coverbild / Cover image: www.ingimage.com

Verlag / Publisher:
Fromm Verlag
ist ein Imprint der / is a trademark of
OmniScriptum GmbH & Co. KG
Heinrich-Böcking-Str. 6-8, 66121 Saarbrücken, Deutschland / Germany
Email: info@frommverlag.de

Herstellung: siehe letzte Seite /
Printed at: see last page
ISBN: 978-3-8416-0495-8

Vorwort (der 1. Auflage von 1995)

Ich blättere im Gesangbuch. Ganz hinten stehen die Liederdichter, jeweils mit einer kurzen Lebensbeschreibung: Schicksale, Leben mit Erfolgsstrecken, aber auch mit Krankheit, Verfolgung und manchmal sehr frühem Tod. Eines fällt mir allerdings besonders auf: Es sind fast ausschließlich Männer aufgeführt – gab es denn in den Jahrhunderten christlicher Liederdichtung keine Frauen?
Sollten sie stets nur gesungen haben, was männlicher Poesie entstammte? Gab es in der Vielfalt der Klöster, der Glaubensgemeinschaften, der Pfarrfamilien seit der Reformation keine begabte Frau, die selbst zu Gänsekiel oder Stahlfeder gegriffen hatte? Ich schaue genauer im Verzeichnis der Liederdichter nach: und siehe da – es gab sie doch. Etwa Magdalena Sibylla Rieger aus Württemberg, Elisabeth Cruciger in der Reformationszeit, Ämilie Juliane, die Reichsgräfin aus Thüringen, und Henriette Louise von

Hayn aus derBrüdergemeinde derBrüdergemeinde in in Herrnhut. Viele waren es nicht.

Man könnte meinen, in der Vergangenheit sei sowieso kein Platz für Frauendichtung gewesen, schon das Lesen und Schreiben war nicht für alle Mädchen selbstverständlich – wie hätten sie Zeit und Muße für die Dichtkunst haben sollen? Aber so einfach ist es nicht. Es gab Zeiten, etwa um 1900, da waren eindeutig mehr Frauenlieder in den Gesangbüchern zu finden: im Württembergischen Gesangbuch von 1912 sind es zwölf Dichterinnen, im Stammteil des Evangelischen Gesangbuchs von 1953 dagegen nur drei! Allerdings gibt es in jüngster Zeit wieder eine Wende zum Besseren: im Stammteil des Evangelischen Gesangbuchs von 1994 finden sich Lieder von siebzehn Frauen.

Aber macht es überhaupt einen Unterschied, ob ein Mann oder eine Frau ein Lied geschrieben hat? Wäre „O Haupt voll Blut und Wunden“ ergreifender, wenn es eine Frau gedichtet hätte? Spiegelt sich im Lied „Bis hierher hat mich Gott gebracht“ von Ämilie Juliane von Schwarzburg-Rudolstadt eine besondere weibliche Erfahrungswelt? Über diese Fragen wurde und wird viel diskutiert, bisher ohne eindeutiges Ergebnis. Es ist wohl auch nicht nur eine Frage des Geschlechts, es spielen auch gesellschaftliche Stellung, Besitz und Begabung eine Rolle – so sind die meisten Liederdichterinnen adliger Abstammung oder zumindest aus stabilen bürgerlichen Verhältnissen. Auch wenn die wenn die Reformation schon einen breiten „Bildungsschub“ für die Mädchenbildung brachte, dauerte es doch noch Jahrhunderte, bis auch jedes Mädchen auf dem Lande und aus armen Familien eine Schulbildung erhielt.

Aber es gab seit dem Mittelalter auch stets eine Tradition der schreibenden Frau: für adlige Männer war es im frühen Mittelalter sogar undenkbar gewesen, sich mit Schreiben und Lesen überhaupt zu befassen! So mühte sich Karl der Große zeitlebens verzweifelt, seine Hände, die eher gewohnt waren, ein Schwert zu führen, darin zu üben, so ein kleines Ding wie einen Griffel zu halten und damit kleine Schreibbewegungen auf einer Tafel zu vollführen. Dagegen wurde es zunehmend Aufgabe der adligen Damen, an ihren Höfen für Bildung zu sorgen, sich mit der Dichtung zu befassen und dem Leben auf der Burg kulturellen Glanz zu verleihen.

In den Frauenklöstern des Mittelalters gab es für intelligente und begabte Nonnen zwar keine Möglichkeit, an der Theologie teilzuhaben, sie entwickelten jedoch ihre eigene religiöse Frauenkultur: in Visionen und Lebensbeschreibungen von Frauen fanden sie eine Form, sich mit religiösen Erfahrungen schriftlich auseinanderzusetzen.

Dann gab es auch eine Frömmigkeitsrichtung, die sich ganz an weiblichen Erfahrungen orientierte: die Beziehung zwischen Gott (Christus) und der Seele wurde mit dem Bild des Bräutigams und der Braut beschrieben. Diese sogenannte

Elisabeth Cruciger - die erste Dichterin des Protestantismus (ca. 1500 – 1535)

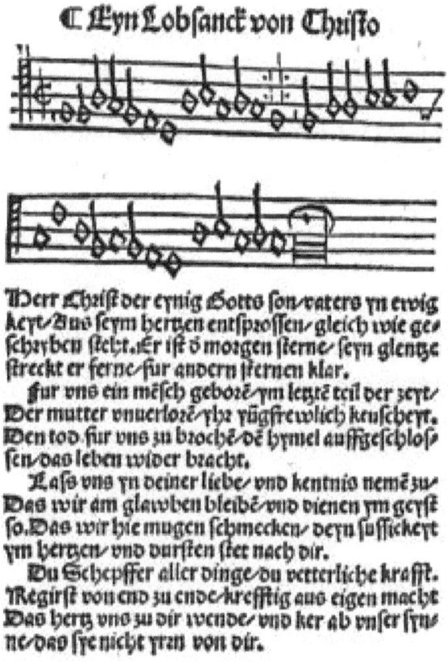

(„Enchiridion geistlicher Gesänge 20“ von Martin Luther und andere - Scan vom Reprint Spyer, 2008. Lizenziert unter Public domain über Wikimedia Commons)

Im Nordosten des damaligen „Heiligen Römischen Reiches deutscher Nation“ wuchs zu Beginn des 16. Jahrhunderts ein junges Mädchen namens Elisabeth auf. Wann sie genau geboren wurde, wissen wir nicht, auch ihr Geburtsort ist nicht sicher bestimmbar, irgendwo im östlichen Teil Pommerns, vielleicht war es das Gut Meseritz, südöstlich der heute noch existierenden Stadt Treptow a.d. Rega. Ihre Familie, ob nun polnisch oder deutsch, war jedenfalls in diesem Grenzgebiet zweier Kulturen beheimatet - sofern sich in der damaligen Zeit schon so exakt zwischen einer deutschen und einer polnischen Kultur unterscheiden lässt! Grenzgebiete haben ja immer die Chance in sich, dass die Menschen dieser Gegend sich gegenseitig kennenlernen und dadurch „über den Tellerrand“ des eigenen engen Horizonts schauen können. Elisabeth von Meseritz jedenfalls wuchs in dieser Grenzregion auf - wahrscheinlich war sie ein aufgewecktes Mädchen mit eigenem Willen. Wollte sie vielleicht gar nicht heiraten ? Oder zog es sie zu einem eher geistlichen Leben? Wir wissen es nicht. Sehr wahrscheinlich ging sie schon früh in ein Frauenkloster; wir dürfen annehmen, dass es das Kloster Marienbusch bei Treptow war, das zum Prämonstratenserorden gehörte. Das Kloster Marienbusch ist heute verfallen, den Orden gibt es heute noch. Viele Adlige gingen damals im Osten in die Prämonstratenserklöster, unterstützten Seelsorge und Mission bei den Bewohnern des Landes. Hatte die junge

Elisabeth von Meseritz auch Meseritz auch solche Ziele? solche Ziele? Es könnte sein, denn es gibt einen sehr seelsorgerlichen Brief von ihr an einen getauften Juden. Aber greifen wir nicht vor - schauen wir erst noch, was wohl das Klosterleben für ein junges Mädchen bedeutet haben konnte. Vielleicht ist es ja schwer, sich vorzustellen, was daran überhaupt positiv sein konnte - verbinden wir nicht heute in erster Linie Verzicht, Gehorsam, eine Art von Gefängnis mit dem Gedanken, dass junge Menschen in ein Kloster gehen? Abgesehen davon, dass dies natürlich Vorurteile sind, gab es im 16. Jahrhundert auch ganz handfeste Vorteile für ein Mädchen wie Elisabeth von Meseritz. Ein Leben als Klosterfrau bei diesem Orden war gewissermaßen standesgemäß, also kein sozialer Abstieg; zudem war es eine Art Bildungsweg: die „Neuen", die Novizinnen, hatten (bzw. haben heute noch!) eine eigene Lehrerin, die Novizenmeisterin, deren Aufgabe es damals war, vor der allgemeinen Schulpflicht, den Mädchen auf allen Gebieten Unterricht zu geben, also etwa im Lesen, Schreiben, Rechnen, außer in der Musik, für die eine Kantorin zuständig war. Daneben war natürlich auch das geregelte geistliche Leben im Klosteralltag enorm bildend: das lateinische Stundengebet (hauptsächlich die biblischen Psalmen) mehrmals am Tag und das Vorlesen während der Mahlzeiten (etwa aus wichtigen religiösen Schriften der kirchlichen Tradition). Das prägte sich ein und gab mit der

Zeit den jungen Mädchen Mädchen einen Schatz an Schatz an religiöser und sprachlicher Bildung.
In der Zeit, als Elisabeth im Kloster war, gab es in Europa die geistige Bewegung des Humanismus, eine Bewegung, die versuchte, unter dem Motto „ad fontes“ (zurück zu den Quellen) die Wurzeln der abendländischen/ europäischen Kultur neu zu entdecken: voller Begeisterung machten sich Männer (und manchmal auch Frauen) in vielen Ländern Europas daran, die alten Texte der Tradition in den Originalsprachen zu entdecken und zu übersetzen - das umfasste die Werke der griechischen Philosophen wie etwa Platon genauso wie die Bibel, d.h. das Alte Testament in hebräisch und das Neue Testament in griechisch. Nicht mehr kirchliche Autorität war dabei der wichtigste Maßstab, sondern mehr und mehr die eigene Forschermeinung, die natürlich meist mit der kirchlichen Tradition in Einklang stand. Oder doch nicht mehr so ganz und überall? Im Marienbusch nahegelegenen Männerkloster Belbuck hatte der dem Humanismus wohl aufgeschlossene Abt etwas neues gegründet: eine Stelle für Bibelauslegung. Damit hatte er Johannes Bugenhagen beauftragt, der ganz von den humanistischen Gedanken (etwa des Erasmus von Rotterdam) aber auch von den Entdeckungen Martin Luthers begeistert war. Beides hing ja miteinander zusammen: die Betonung der Bibel als Wort Gottes bei Martin Luther, sowie seine Entdeckung der Gerechtigkeit

Gottes als Geschenk und Geschenk und Gnadengabe, Gnadengabe, das war beides eng verflochten mit einem gründlichen Bibelstudium in den Ursprachen, um immer tiefer in die Geheimnisse des Textes zu stoßen. Johannes Bugenhagen war davon begeistert und seine Schüler im Kloster Belbuck wohl mit ihm. Ist es nicht wahrscheinlich, dass diese Bewegung, die ja bald ganze Landstriche erfasste, auch auf eine junge Nonne wie Elisabeth von Meseritz Eindruck machte? Oder sollte sie davon ganz abgeschnitten gewesen sein? Der bereits erwähnte Brief beweist das Gegenteil. Es ist der Brief eines getauften Juden namens Joachim in Stettin vom 19. Januar 1524. Das Spannende an diesem Brief ist, dass er ein Antwortbrief an Elisabeth ist, in dem ihr eigener vorangegangener seitenlang zitiert wird! Auf diese Weise können wir also ihre Stimme gewissermaßen im O-Ton hören. Wie dieser Joachim in Kontakt mit Elisabeth kam, wissen wir nicht. Auch die Situation der Juden in der damaligen Zeit und Gegend ist leider noch wenig erforscht; es könnte sein, dass Joachim unter großem Druck gestanden hat, denn die Zeiten waren nicht günstig für Juden, eine Generation vorher wurden sämtliche Juden unter der fadenscheinigen Anklage der „Hostienschändung“ vom polnischen König aus Pommern vertrieben. Vielleicht hatte den Joachim auch die aufkommende Bewegung der neuen Lehre Luthers mit Hoffnung erfüllt. Kurzum, er muss irgendwann davon ergriffen worden sein und sein und hatte sich taufen taufen lassen. Joachim zitiert also den Brief, den Elisabeth ihm geschrieben hat:

„Lieber Bruder, dir sei Gnade und Friede. Tröste dich, lieber Bruder, sieh, die ich auch eine Mitleiderin bin deiner Krankheit, sieh, ich habe Gott ermahnet durch sanftmütiges Bitten vor Seinen göttlichen Augen, sieh, ich wünsche dir und gebe dir durch Seine Kraft Gnade und Friede..... und solches durch den Herrn Christum, nicht durch einen Engel oder Mose.

Ei, lieber Bruder, sei zufrieden, hab Mut, denn, der das gute Werk und die Seligkeit in uns (angefangen) hat, wirds ohne Zweifel vollbringen; er wird selbst vor uns stehen und bedecken unsere Ungerechtigkeit, daß wir von keinem mögen werden angeklagt. Dessen freue dich und tröste dich, mein lieber Bruder, denn desselben erfreu und tröste ich mich auch. Darauf empfange dies mein Schreiben und laß dirs ein Trost sein, denn es ist (bei) Gott ein Wohlgefallen, daß wir uns untereinander trösten und küssen mit dem Kuß der Liebe Gottes, daher auch der (Spruch) des Herrn Christi herrührt: ‘Liebt euch untereinander, gleichwie ich euch geliebt’.“

Soweit Elisabeth von Meseritz. Einiges an diesem Brief von ihr - dem einzigen Text, der neben ihrem Gesangbuchlied von ihr überliefert ist! - scheint sehr bemerkenswert:

reihenweise ihre Klöster Klöster verließen, was bis was bis dahin unerhört war, sondern dass bald darauf, 1525, der sogenannte Bauernkrieg ausbrach: denn wenn Luthers Lehre von der Freiheit eines Christenmenschen stimmte, so dachten die Bauern, dann war ja ihre Frage auch berechtigt: „Als Adam grub und Eva spann, wo war denn da der Edelmann?“ Wo stand für sie in der Bibel, dass sie drückende Abgaben zahlen mussten und kostenlose Frondienste für die adligen Herren leisten sollten? Wenn die kirchliche Tradition sich immer an der biblischen Botschaft von Gottes Gerechtigkeit und Liebe messen lassen musste, wie die neue evangelische Lehre sagte, dann blieb für Willkürherrschaft und Unterdrückung nicht mehr viel Grundlegendes übrig - der Geruch der Freiheit von allen Bindungen lag in der Luft und die Bauern, schlecht bewaffnet, schlecht organisiert, wollten sich die Freiheit schlicht dadurch holen, dass sie die Unterdrücker erschlagen wollten - ein tragisches Missverständnis der evangelischen Freiheit !

Aber noch war es nicht zum Bauernkrieg gekommen - und es gab gewiss auch genug Frauen und Männer, die die neue Botschaft von der Bibel als alleinigem Maßstab, von der Glaubensgerechtigkeit und vom direkten Zugang zu Gott - ohne Priester und Heilige - sehr tief in sich aufnahmen und einen eigenen Ausdruck für diese neue Art des Glaubens fanden. Elisabeth von Meseritz, die ehemalige Nonne, war wohl so ein Mensch, der in Mensch, der in einer innigen einer innigen Beziehung zu Christus Halt und Verwurzelung fand. Sie muss in dieser Zeit ihr unvergängliches Lied „Herr Christ, der einig Gotts Sohn“ gedichtet haben. Es steht im Evangelischen Gesangbuch unter der Nummer 67 und ist jedes Jahr das Wochenlied für den Letzten Sonntag nach Epiphanias:

1. „Herr Christ, der einig Gotts Sohn,
Vaters in Ewigkeit,
aus seim Herzen entsprossen,
gleichwie geschrieben steht,
er ist der Morgensterne,
sein Glänzen streckt er ferne
vor andern Sternen klar;

2. für uns ein Mensch geboren
im letzten Teil der Zeit,
daß wir nicht wärn verloren
vor Gott in Ewigkeit,
den Tod für uns zerbrochen,
den Himmel aufgeschlossen,
das Leben wiederbracht.

3. laß uns in deiner Liebe
und Kenntnis nehmen zu,

daß wir am Glauben bleiben, Glauben bleiben,
dir dienen im Geist so,
dass wir hier mögen schmecken
dein Süßigkeit im Herzen
und dürsten stets nach dir.

4. Du Schöpfer aller Dinge,
du väterliche Kraft,
regierst von End zu Ende
kräftig aus eigner Macht.
Das Herz uns zu dir wende
und kehr ab unsre Sinne,
daß sie nicht irrn von dir.

5. Ertöt uns durch dein Güte,
erweck uns durch dein Gnad.
Den alten Menschen kränke (= schwäche),
daß der neu leben mag
und hier auf dieser Erden
den Sinn und alls Begehren
und G'danken hab zu dir."

Von diesem Lied sagt eine Generation später, 1571, der Magister Cyriakus Spangenberg: „Hie haben wir einen sehr schönen Geistreichen Betpsalm, den ihr billich eure Kindlein und Gesinde sollet lernen/ und offt singen lassen...

Und hat diesen Psalm ein Psalm ein recht fromb fromb Gottfürchtiges Weib gemacht/ Elisabeth Creutzigerin geheissen ... und hat dem Doctor Martino so wohl gefallen/ dass er ihn selbst hat in sein Gesangbüchlein zu setzen befohlen." (Ob die Kinder im 16. Jahrhundert dieses tiefsinnige Lied wirklich in den damaligen Großfamilien gesungen haben?!)

Dass der Alltag für unsere Dichterin nicht in erster Linie ruhig und beschaulich war, ist anzunehmen, die Zeiten waren in Wittenberg alles andere als ruhig; so gab es durch die reformatorische Bewegung in Wittenberg 1521 die sogenannten „Wittenberger Unruhen", als manchen die Änderungen noch nicht weit genug gingen und die ganz Radikalen lieber z.B. allen Bilderschmuck aus den Wittenberger Kirchen entfernt hätten; die Wogen gingen hoch und erst Martin Luthers energische Predigten konnten wieder die Gemüter in der Stadt beruhigen - dies war nur ein Beispiel aus jenen Jahren.

Aber vielleicht sind aufgewühlte Zeiten ja gerade ein guter Nährboden für die Besinnung auf die wahren Quellen, aus denen wir Energie schöpfen können, wenn wir uns leer und „ausgebrannt" fühlen!

Elisabeth schöpft eigentlich nur aus einer Quelle, aus ihrer Christusverbundenheit. Aber die beschreibt sie in einer Sprache, die ihre eigene wie auch eine biblische und mystische ist, sowie vom Glaubensbekenntnis der alten

Kirche und von der neuen der neuen evangelischen evangelischen Lehre geprägt. Dass sie eine eigenständige und ausdrucksstarke Persönlichkeit ist, haben wir ja schon gesehen!

Biblische Worte sind in jedem Vers des Liedes mit Händen zu greifen:

So, dass „der Sohn aus dem Herzen des Vaters entsproß", was auf Johannes 1,18 zurückgeht und die innige Einheit Jesu, des Gottessohnes, mit Gott selbst ausdrückt, oder das biblische Bild von Christus, dem Morgenstern (nach Offenbarung 22,16), was eine kosmische Bedeutung des auferstandenen Christus bedeutet. Auch der Satz „Das Herz uns zu dir wende" in Vers 4 mag auf den Psalmvers „Neige mein Herz zu deinen Zeugnissen" (Psalm 119,36f.) zurückgehen. Elisabeth lebte wohl in der Heiligen Schrift; aber sie war auch mit den altkirchlichen Glaubensbekenntnissen vertraut, die selbstverständlich von den Reformatoren als Basis des Glaubens anerkannt wurden und ja heute noch in vielen Gottesdiensten jeden Sonntag gesprochen werden und auch im Evangelischen Gesangbuch stehen. So heißt es in einem dieser Bekenntnisse der ersten christlichen Jahrhunderte: „Wir glauben an den einen Herrn Jesus Christus, Gottes eingeborenen Sohn, aus dem Vater geboren vor aller Zeit: Gott von Gott, Licht vom Licht, wahrer Gott vom wahren Gott, gezeugt, nicht geschaffen",

Elisabeth hat dies im ersten im ersten Vers ihres Liedes ihres Liedes in singbare Dichtung „gegossen“.

Interessant ist auch, wie sie den Satz des Glaubensbekenntnisses „geboren von der Jungfrau Maria“ in einer ursprünglichen Fassung ihres Liedes umdichtete zu: „der Mutter unverloren ihr jungfräulich Keuschheit“. Vielleicht war dies späteren Generationen zu direkt oder mit zuviel Marienverehrung ausgedrückt: uns ist Elisabeths zweiter Vers überliefert mit der Zeile „daß wir nicht wärn verloren vor Gott in Ewigkeit“.

Die mittelalterliche Mystik, die besonders in den Frauenklöstern gepflegt wurde, ist eine weitere Quelle, aus der Elisabeth schöpft; vermutlich lebte sie seit ihrer Klosterzeit in dieser Spiritualität. Wie ein Strom floss diese Art inniger Gotteserfahrung mit ihrer starken Bildersprache durch die Jahrhunderte, manchmal, wie in der Reformationszeit, zurückgedrängt, aber stets als unterirdische Quellader vorhanden und, wie im Falle von Elisabeths Lied, auch wieder an der Oberfläche. Ein Jahrhundert später, bei Ämilie Juliane von Schwarzburg-Rudolstadt, treffen wir wieder darauf.

Die Bildersprache der Mystik benutzt Elisabeth z.B. im 3.Vers: das „Schmecken“ der „Süßigkeit“ Gottes, das „Dürsten“ nach ihm - dies gehört seit dem Kirchenvater Augustin und dem heiligen Bernhard von Clairvaux zu den kennzeichnendsten Bildern der Mystik. Was ist damit gemeint ? Schmecken, Durst Schmecken, Durst haben, haben, genießen mit allen Sinnen sind allgemein menschliche Erfahrungen, die als Ausdrucksmittel für eine geistliche Erfahrung stehen, welche eigentlich unbeschreibbar ist. Trotzdem ist auch die Erfahrung der Nähe Gottes ein so packendes Ereignis, dass unsre menschlichen Gefühle und Sinne davon ergriffen werden. Dieses Erlebnis kann so stark sein, dass Elisabeth sagen kann: „Ertöt uns durch dein Güte, erweck uns durch dein Gnad". Damit meint sie, dass sich unter der geistlichen Berührung der göttlichen Gnade eine Art von Wiedergeburt vollzieht, dass manches in uns absterben muss, um einem neuen Leben Platz zu machen.

Daneben ist Elisabeths Lied stark geprägt durch die neue evangelische Lehre, die eigentlich keine Neuheit ist, sondern eine Erneuerung der alten Lehre, eine Reformation der Kirche. Im Mittelpunkt der evangelischen Lehre steht die Rückbesinnung auf die Bibel, deshalb singt Elisabeth gleich im ersten Vers „gleichwie geschrieben steht". Ebenso ist die Konzentration auf „Christus allein" bei ihr zu finden - kein höchstes Lehramt, keine Heiligen, keine erhöhte Gottesmutter stehen zwischen Christus und den Glaubenden, deshalb kann sie eine direkte Beziehung zum dreieinigen Gott, zum lebendigen Christus, besingen. Die Kirche spielt nur indirekt eine Rolle, indem die Dichterin im letzten Vers Bezug auf die heilige Taufe nimmt: abgesehen

von den biblischen Anklängen (alter und neuer und neuer Mensch) steht hier Martin Luthers Erklärung der Taufe im Katechismus dahinter: „(Solch Wassertaufen) bedeutet, daß der alte Adam in uns durch tägliche Reue und Buße soll ersäuft werden und sterben.... und wiederum täglich herauskommen und auferstehen ein neuer Mensch“.
Damals, vor 1524, hatte Elisabeth noch kein Kind geboren, dessen Taufe sie erlebt hätte. Vielleicht aber im Umkreis der Familie Bugenhagen ? Oder war ihre eigene „Lebenswende“ aus dem Kloster heraus in eine neue Freiheit und mit neuen Risiken behaftete Umwelt ihr ein persönlicher Hintergrund für diesen Vers? Wir wissen es nicht.
Dagegen wissen wir etwas anderes ziemlich genau: nämlich, wie ihre Trauung ablief!
Elisabeth von Meseritz war, nach allem, was bekannt ist, eine eigenständige, tief religiöse Frau. Ich denke, dass die jungen Theologen, die voller Begeisterung sich der neu entdeckten evangelischen Glaubensbewegung mit ihrem Schwung und ihren Freiheitsidealen hingaben, solch eine Frau zu schätzen wussten. Nachdem das Zölibat, die Ehelosigkeit der Priester, keinen religiösen Wert mehr für sie besaß, da es aus der Bibel nicht als Gebot Jesu abgeleitet werden konnte und da Ehelosigkeit als „gutes Werk“ auch nicht mehr zählte, stand einer Heirat der Pfarrer, Mönche und Nonnen nichts mehr im Wege. So war es auch bei Caspar Cruciger aus Leipzig, einem Schüler von Martin

Luther und Philipp Melanchthon. Dass dies dies nicht so ganz ohne Schwierigkeiten, Anfeindungen oder auch Ablehnung geschah, beweisen folgende Worte aus einem zeitgenössischen Brief: „Über die hiesigen Verhältnisse werden andere besser berichten, Kilian oder Kaspar (Cruciger), der kürzlich eine Nonne geheiratet hat, was manchem mißfällt; doch tut Kaspar nichts Unüberlegtes!"

Hochzeit ist im Leben, besonders im Leben einer Frau, ein denkwürdiges Ereignis. So auch bei Elisabeth von Meseritz, jetzt Elisabeth Cruciger. Glücklicherweise hat sich eine schriftliche Spur der Trauung erhalten, wir können sie uns deshalb deutlich vorstellen:

„Wie Doctor Martinus Luther Caspar Creutziger und Elisabeth von Meseritz....vor der Pfarrkirchen zu Wittenberg zusammengegeben hat.

Erstlich sagt er zum Bräutigam: Also steht geschrieben: Im Schweis deines Angesichts wirstu dein Brot eßen.

Diese lection hat Gott dir Caspar gegeben.

Folgend sprach er zu der Braut: Du sollst deine Kinder mit Kummer gebären.

Diese Lection hat Gott dir Elsa gegeben.

Nu ist eben das die Meinung, daß im ehelichen Leben Jammer und Not, Mühe und Arbeit ist. Wie ihr denn beide selbst wohl gelesen habt. Wo ihr nu euch beide miteinander begeben wollt, so mögt ihr mögt ihr das hie vor der vor der Christlichen Gemeyn bekennen, Euch vor Gott das bekenntnis zu geben.

Und sagt darauf zum Bräutigam:

Caspar, was sagest Du darzu ?

Der Bräutigam antwortet: Herr Doctor, Ja.

Darnach sprach er zu der Braut: Elsa, was sagest Du darzu ?

Die Braut antwortet auch Ja.

Do stecket Doctor Martinus dem Bräutigam und der Braut die Ring an und sprach: Was Gott zusammengefügt, soll der Mensch nicht scheiden. Gab also den Bräutigam und die Braut mit den Händen zusammen und sagt: Seyd fruchtbar und mehret euch.

Damit hätt das Zusammengeben sein Ende .

Ist Er (Cruciger) also, da Er geheyrathet, noch nicht Doctor, auch nur 20 Jahr alt gewesen.“

War die kirchliche Trauung recht nüchtern und das damalige Eheverständnis wenig romantisch, dafür umso realistischer, so wurde doch auch recht gerne üppig gefeiert: Johannes Bugenhagen schreibt davon an Georg Spalatin: „(Ich konnte nicht gleich antworten), weil ich zu Hause neben den häuslichen Geschäften die künftige Hochzeit unserer Elisabeth vorbereitete... Wir werden aber die Hochzeit am Dienstag Mittag und den ganzen Tag feiern, der von heute an der 13. Tag sein wird. Der Bräutigam aber,

Kaspar Cruciger aus Leipzig, aus Leipzig, und die Braut, die Braut, meine Elisabeth, ich und meine Gattin bitten, daß Du mit Freunden, die Du mitbringen willst, bei uns sein mögest.....und wenn es Dir nichts ausmacht, etwas Wildbret zu schicken! Für ungefähr zehn Tische müssen wir Speisen bereiten, denn wir haben Rücksicht zu nehmen auf die (leibliche) Verwandtschaft der Braut, von denen dennoch keiner da sein wird.“

Offensichtlich beschäftigten auch solche scheinbar rein privaten und häuslichen Dinge die Heroen der Reformation - was sie menschlicher und vielleicht auch glaubwürdiger macht. Ließe sich da nicht in Abwandlung eines modernen Slogans sagen „Das Häusliche ist geistlich und das Geistliche häuslich“? Zumindest erscheint „Dr. Pommer“, wie Johannes Bugenhagen nach seiner Herkunft genannt wurde, der Organisator der Reformation in Norddeutschland und der Beichtvater Luthers, doch in einem guten und menschlichen Licht, wenn er von Elisabeth von Meseritz als von „unserer“ Elisabeth spricht und wenn er sich selbst um das Fleisch für die Hochzeitstafel kümmert!

Elisabeth Cruciger gebar zwei Kinder: Caspar, genannt der Jüngere, der als Theologe Melanchthons Nachfolger wurde und später zur reformierten Kirche übertrat (lag es ihm von seiner Mutter her im Blut, eine geistige „Wende“ zu vollziehen?) und Elisabeth, die zuerst den Rektor Kegel in Eisleben heiratete und nach dessen Tod Luthers Sohn

Johannes. Übrigens: Übrigens: Cruciger-Cruciger-Nachfahren gibt es immer noch!
Wie war wohl das Ehe- und Familienleben in Wittenberg im 16. Jahrhundert für diese Theologen- und Pfarrfrau ?
Leider wissen wir ganz wenig darüber, ihr Mann schrieb kaum über persönliche Dinge, er war als Gehilfe Luthers bei der Bibelübersetzung, ab 1528 als Professor der Theologie und als Prediger an der Schlosskirche in Wittenberg sicher sehr beschäftigt; von seinen Fähigkeiten, besonders auch als „Schnellschreiber" und Protokollant (z.B. von Luthers Predigten) wird Lobendes erwähnt: „ Die Lutheraner haben einen Schreiber, gelehrter als alle Päpstlichen"!
Nur Spuren ihres Charakters können wir einigen Briefen entnehmen. Vielleicht sagt aber diese Art der Zurückhaltung auch etwas aus über Elisabeths Diskretion - sich nicht in den Vordergrund zu schieben, aber deshalb noch lange nicht „sprachlos" oder unsichtbar zu sein! Johannes Bugenhagen schreibt einmal von Lübeck aus, wo er die Reformation organisierte, an Martin Luther: „(Ein Freund) sagt, daß ihr alle gesund seid, daß du mit Philipp (Melanchthon) ein Gastmahl gefeiert hättest... Herr Philipp hätte mir nicht schreiben können, da er vom Gastmahl weg zur Prüfung der neuen Magister geeilt sei. In der Zwischenzeit hat jener nur einen Brief der Gattin unseres Crucigers an meine Frau beigebracht. Darin stand nichts Schlimmes; dennoch sagt mir eine Vermutung, daß die kluge Frau uns verschwiegen

haben könnte, wenn etwas wenn etwas Schlimmes Schlimmes passiert gewesen wäre. Deshalb schwankt mein Geist zwischen Hoffnung und Furcht, doch die Hoffnung beginnt stärker zu sein..."

Dass Elisabeth Cruciger also umsichtig und klug gewesen war, fügt ihrem Charakterbild einen angenehmen Zug hinzu, dass sie auch Kontakte mit Luthers Ehefrau Katharina geb. von Bora hatte, geht aus folgendem Brief hervor, der leider nicht recht vollständig ist (Martin Luther schreibt 1532 an Caspar Cruciger): „Gnade und Frieden. Gestern brachte deine Elisabeth ein goldenes Geschenk meiner Herrin (= Käthe Luther) für ein Gastgeschenk vom Markt, mein Caspar, das sehr erwünscht und ein Zeichen der Dankbarkeit war. Ich schicke wiederum deiner Herrin (= Elisabeth Cruciger) dieses Marktgeschenk, das zwar dem deinigen unähnlich ist, aber nicht unähnlich in der Absicht und dem Eifer, welches du nicht verachten mögest... es könnte vom Hals herabhängen ... Leb wohl mit all den Deinen! Am Samstag des Hl. Apostels Thomas 1532. Dr. Martinus Luther". Was hat Elisabeth wohl erhalten? Vielleicht ein Halsband, eine Kette? Und warum machte Elisabeth der Katharina Luther ein so wertvolles, goldenes Geschenk? Wir können nur spekulieren - zumindest geht daraus hervor, dass zwischen beiden Pfarrfrauen Kontakte bestanden, wenn nicht gar Freundschaft. Beide waren adliger Abstammung, waren in einem Nonnenkloster aufgewachsen, hatten aus hatten aus eigenem Entschluss sich der neuen Bewegung zugewandt und den mutigen Schritt getan, das gewohnte Leben im Kloster zu verlassen und schließlich einen Theologen der neuen Lehre geheiratet, was wiederum einen gewaltigen Schritt in gesellschaftliches Neuland bedeutete. Schließlich gab es für die soziale Rolle „Pfarrfrau" ja noch keinerlei Vorbild, das war gewiss einerseits verlockend und spannend, etwas ganz Neues auszuprobieren und eine unbekannte Lebensform zu riskieren, auf der anderen Seite gab es auch große Schwierigkeiten: Elisabeth Cruciger starb noch vor ihrem Mann, aber Katharina Luther hatte als Pfarrwitwe noch absolut keinen sozialen Ort und starb schließlich verarmt und verlassen - ich glaube, das war nicht unbedingt der Hartherzigkeit der Umgebung anzulasten, sondern spiegelt eher die Schwierigkeit, mit dem neuen Stand der Pfarrfrauen angemessen umzugehen - sie waren keine „gelernten" Frauen, weder Bäuerinnen, noch Handwerkerfrauen, auch aus dem aristokratischen Netzwerk waren sie durch ihre Heirat herausgefallen - wo gehörten sie hin? Es dauerte einige Zeit, bis die evangelische Kirche auch die Probleme der Pfarrfrauen lösen konnte; Elisabeth Cruciger hat es nicht mehr erlebt.

Dass sie sich mit der evangelischen Kirche identifizierte und darin eine Heimat fand, scheint sicher. Vielleicht hat sie auch noch andere Lieder gedichtet, sie sei, betont ein alter

Biograph, „eine große große Freundin geistlicher geistlicher Lieder gewesen und hat auch selbst verschiedene verfertigt“. Nur sind keine Spuren mehr von diesen übriggeblieben, leider.

Übriggeblieben ist nur noch ein Traum von ihr, ein sehr zukunftsweisender: Sie hätte einmal geträumt, heißt es, dass sie in der Kirche in Wittenberg gepredigt habe. „Ihr Eheherr habe dies auf ihre Lieder bezogen, und mit lachendem Munde gesagt: 'Vielleicht will euch der liebe Gott für würdig erachten, daß eure Gesänge, mit denen ihr zu Hause immer umgeht, in der Kirche sollen gesungen werden.“ - Elisabeth Cruciger hat nicht umsonst geträumt; vier Jahrhunderte sollte es allerdings dauern, bis Frauen in der evangelischen Kirche predigten. (Und wer weiß, wenn eine Pfarrerin auf der Kanzel in Wittenberg predigt, ob dann nicht Elisabeth unsichtbar hinter ihr steht?)

In ihrem Lied „Herr Christ, der einig Gotts Sohn“ lebt sie durch die Jahrhunderte in den Gemeinden fort.

Elisabeth starb am 2.Mai 1535 in Wittenberg; ihr Mann muss darüber sehr traurig und verzweifelt gewesen sein. Melanchthon berichtet in einem Brief: „...Cruciger nahm Sebaldus als Begleiter mit, damit er seine Trauer aufhebe, denn Cruciger hat die Gattin verloren“.

Auch wenn wir kein gesichertes Bild von ihr haben, so steht sie uns doch mit ihrer tief empfundenen Frömmigkeit, ihrem mutigen und konsequenten Lebenslauf Lebenslauf und ihrer Bildung als eine der „Mütter der Reformation“ vor dem inneren Auge.

Ämilie Juliane von Schwarzburg-Rudolstadt

(1637 – 1706)

(„Æmilie Juliane von Barby-Mühlingen“ von Wir photographieren selbst III. - Eigenes Werk. Lizenziert unter Creative Commons Attribution-Share Alike 3.0 über Wikimedia Commons)

„Der Anstaltsgeistliche steht auf dem Podium, dirigiert. Die Gefangenen stehend, mit Gesangbüchern in der Hand, singen den Choral 'Bis hierher hat uns Gott geführt in seiner großen Güte' – ". Diese Szene aus dem „Hauptmann von Köpenick" von Carl Zuckmayer ist vielen bekannt; weniger bekannt allerdings sind Leben und Werk der Dichterin dieses Liedes, der Ämilie Juliane von Schwarzburg-Rudolstadt. Über sie gibt es manches zu erzählen, obwohl sie zu den fast vergessenen Frauen des Gesangbuches gehört.

Es war im Dreißigjährigen Krieg; Hass und Gewalt, Feuer und Mord beherrschten des tägliche Leben der Menschen in Deutschland - auch Adlige waren davon nicht verschont. Weil in ihrem Landstrich, der Grafschaft Barby, ihr Leben in Gefahr war, flüchteten die Eltern von Ämilie Juliane, Sophie-Ursula Gräfin von Delmenhorst und ihr Mann, Albrecht Friedrich Graf von Barby und Mühlhausen, zu einem Verwandten, Ludwig Günther, Graf von Schwarzburg, der als Junggeselle auf der Heidecksburg bei Rudolstadt lebte. Dort kam die kleine Ämilie Juliane zur Welt - als Flüchtlingskind. War die Lage für die junge Familie gewiss nicht idyllisch, so hatte unvorhergesehen diese Notsituation ihr Gutes: zur Taufe der Kleinen kam auch ihre Patin, Antonie von Delmenhorst auf die Heidecksburg. Sie war Canonissin des Stiftes Quedlinburg, also gewissermaßen eine gewissermaßen eine eine evangelische „geistliche Dame“ und muss schon recht anziehend gewesen sein, da der eingefleischte Junggeselle Ludwig Günther Graf von Schwarzburg sich auf der Stelle in sie verliebte und sie heiratete! Was für ein Geschenk für Ämilie Juliane, dass auf der Heidecksburg nun wieder eine Landesmutter war - denn als 1641 ihr Vater und 1642 ihre Mutter starb, holte die Patentante sie zu sich als Pflegekind. Geborgen in der Großfamilie und gemeinsam mit den drei Pflegeschwestern und dem Pflegebruder wuchs Ämilie Juliane nun heran. Von ihrer Erziehung heißt es in einer alten Lebensbeschreibung: die Kinder wurden gemeinsam erzogen in „guten Disciplinen und heilsamen Wissenschaften, als der Rhetorica (d.h. Redekunst), Historia, Genealogia (Ahnenforschung) und so weiter; und brachtens in der Poesie so weit, daß sie gar fertig ein deutliches, reines und angenehmes Gedichte auff allerley Fälle schon in der Jugend schreiben konnten ...“. Von Ämilie Juliane im besonderen heißt es, dass sie die lateinische Sprache liebte, die antiken Dichter gut lesen und sogar in deren Stil lateinisch dichten konnte! In einem Brief ermahnt sie ihre Pflegeschwestern, sie möchten „ihren Studiis mit mehrerem Fleiß obliegen, damit alle diejenigen, deren gefaßte Meinung, ob vermöchten die Weibsbilder zum Studieren keineswegs tüchtig sein, überwiesen und dero unbegründetes Vorgeben könnte verworfen werden“.

Sie legte sich ein Andachtsbuch an, in das sie in das sie geistliche Lieder, Gebete und ähnliches schrieb, welches davon ihre eigenen ersten Verse sind, lässt sich nicht mehr so leicht entscheiden (zumal der Hang zu persönlicher Originalität und zum Geniekult der damaligen Zeit, dem Barock, von Herzen fremd war!) Neuzeitlicher Individualismus, gar das Ideal der selbständigen Frau - nichts davon findet sich im 17. Jahrhundert.

Die Pflegeeltern von Ämilie Juliane waren fest in ihrer lutherischen Kirche verwurzelt - Bibel, Gesangbuch und Luthers Katechismus waren sozusagen ihre „Welt“, in der sich Erwachsene wie Kinder zu Hause fühlten. Da gab es nichts zu rütteln; vielleicht war diese Zeit der sogenannten Orthodoxie im Protestantismus, die oft als starr und streng verachtet wird, für die Menschen ein stabiles Gehäuse: in den Kriegswirren, den zerrütteten Verhältnissen, als nach Kriegsende große Teile Deutschlands verwüstet und der Anteil der Bettler teilweise bei 30% der Bevölkerung lag, war die Kirche sicher eher als geistige und geistliche Heimat wichtig, als ein Ort der Geborgenheit, wo der Schatz an Liedern, Gebeten, Verhaltensweisen und Werten Jungen wie Alten Hilfe bei der so schwierigen Lebensbewältigung bot. Die Pflegeeltern und ihre Kinder lebten außerdem keine sture und zwanghafte Frömmigkeit, die Gräfin und der Graf von Schwarzburg neigten einer religiösen Richtung zu, die mehr eine persönliche Beziehung zu Gott und Christus pflegte und betonte sowie sowie auch Wert auf auf „praktisches Christentum“, auf Taten der Nächstenliebe im Alltag, legte. Diese Richtung, die sogenannte Reformorthodoxie, wurde vertreten durch die vielgelesenen „Vier Bücher vom wahren Christentum“ des Johann Arndt - in ihrer europaweiten Verbreitung gewissermaßen spirituelle Bestseller! - oder durch die großartige Schrift „Christianopolis“ von Johann Valentin Andreae, in der die Vision eines christlichen Gemeinwesens entworfen wird. Besonders bei Johann Arndt kommt auch immer eine verborgene Quellader christlicher Spiritualität wieder ans Licht: das ist die sogenannte „Brautmystik“. In den Frauenklöstern des Mittelalters entwickelten die Nonnen im Anschluss an den Theologen und Mystiker Bernhard von Clairvaux eine Art von Bildersprache, um ihre religiösen Erlebnisse und Empfindungen auszudrücken, indem sie sich selbst bzw. ihre Seele im Bild der Braut beschrieben und Christus als den Bräutigam. So wie sich Braut und Bräutigam nacheinander sehnen, sich in Liebe verzehren und auf die Hochzeit, eine tiefe Vereinigung an Leib und Seele, hoffen, so sehnt sich die gläubige Seele nach Christus und er sich nach ihr. Diese Bildersprache findet sich in mannigfachen Texten des Mittelalters, aber auch noch später: in der Reformationszeit zurückgedrängt, war es hauptsächlich Johann Arndt, der diesen Reichtum des religiösen sprachlichen Ausdrucks für den protestantischen

Bereich erhalten und und vermittelt hat. Man darf Man darf auch nicht vergessen, dass der Zugang zu allem theologischen und oft auch religiösen Schrifttum für Frauen und Mädchen nicht so einfach war in der Vergangenheit: hatte ein großer Teil der Landbevölkerung sowieso oft kaum Gelegenheit, Lesen und Schreiben zu erlernen (die allgemeine Schulpflicht wurde erst zu Beginn des 19. Jahrhunderts in Deutschland durchgesetzt), so war erst recht die Theologie eine Männersache - deshalb ist es auch denkbar, dass Frauen, die tiefe Erfahrungen und Empfindungen des Glaubens an Christus hatten, zu dieser Bildersprache als einzig möglichem Ausdrucksmittel griffen. Ämilie Juliane (wie auch ihre Lieblingspflegeschwester Ludämilie) muss diese Sprachweise sehr entgegengekommen sein, da sie in vielen ihrer Lieder und Gedichte vorkommt.

Zudem hatten sie auf der Heidecksburg in Ahasverus Fritsch einen Mann als Erzieher, der selbst von dieser Art der Frömmigkeit durchdrungen war und unendlich viel an religiösem Schrifttum produzierte, auch Ämilie Juliane anleitete und korrigierte, wenn sie selbst dichtete.

Die Vertrautheit der gräflichen Kinder hatte zur Folge, dass, als sie herangewachsen waren, Albert Anton sich in seine Pflegeschwester Ämilie Juliane verliebte und sie schließlich 1665 heiratete - nun war sie Landesmutter geworden! Auch wenn sie ihr bekanntes Lied „Bis hierher hat mich Gott gebracht“ nicht für die die eigene Hochzeit Hochzeit gedichtet wurde, sondern für „Mittwochs nach der Mahlzeit“, so drückt es doch gewiss ihre Gefühle auch dafür aus (im Stammteil des Evangelischen Gesangbuches hat es die Nummer 329):

„Bis hierher hat mich Gott gebracht / durch seine große Güte,
bis hierher hat er Tag und Nacht / bewahrt Herz und Gemüte, /
bis hierher hat er mich geleit'/ bis hierher hat er mich erfreut, /
bis hierher mir geholfen.

Hab Lob und Ehr, hab Preis und Dank / für die bisher'ge Treue, /
die du, o Gott, mir lebenslang / bewiesen täglich neue. /
In mein Gedächtnis schreib ich an: der Herr hat Großes mir getan, /
bis hierher mir geholfen.

Hilf fernerweit, mein treuster Hort, / hilf mir zu allen Stunden. /
Hilf mir an all und jedem Ort,/ hilf mir durch Jesu Wunden; /

damit sag ich bis in den Tod: in den Tod: / durch Christi Christi Blut hilft mir mein Gott; /
er hilft wie er geholfen."

Ämilie Juliane geht hier von einer biblischen Geschichte aus: „Da nahm Samuel einen Stein und setzte ihn zwischen Mizpa und Sen und hieß ihn Eben-Ezer und sprach: Bis hierher hat uns der Herr geholfen" (1.Sam. 7,12). Die Dichterin dankt Gott in ihrer klaren, einfachen Sprache für die erwiesene Hilfe. Im dritten Vers kommt sie auf ihr, fast möchte man sagen „Lieblingsthema", die Blut- und Wundenfrömmigkeit. Es heißt hier: „Hilf mir durch Jesu Wunden" und „durch Christi Blut hilft mir mein Gott" ; damit drückt die Dichterin aus, wie entscheidend für ihr Lebensgefühl es ist, dass Jesus Christus am Kreuz gelitten hat und gestorben ist. Manchmal wirkt dies schon etwas schablonenhaft, hat aber für Ämilie Juliane gewiss eine tiefe existentielle Bedeutung gehabt - ohne eine innere Beziehung übernimmt niemand so permanent diese Art von Kreuzesfrömmigkeit! Dabei dient sie ihr nicht zur seelischen Unterdrückung oder zur Verkleinerung ihrer Persönlichkeit, sondern vielmehr zur Stabilisierung in den Wirrnissen, Gefahren und Bedrohungen des Lebens. In dieser Zeit gegen Ende des 17. Jahrhunderts, der bereits genannten „Reformorthodoxie", steht nicht so sehr die „reine Lehre" der Kirche, sondern mehr der einzelne

Mensch innerhalb seiner seiner Kirche und ihrer ihrer Frömmigkeit im Mittelpunkt - und vergessen wir nicht, dass es sich im Falle von Ämilie Juliane um eine Frau handelt!

Wie fest sie allerdings in der lutherischen Kirche verwurzelt war, geht auch daraus hervor, dass Ämilie Juliane wohl ursprünglich in der dritten Strophe nicht „Hilf mir an all und jedem Ort" gedichtet hat, sondern wahrscheinlich die Lesart „Hilf mir durch Sacrament und Wort", da in anderen Liedern von ihr auch das Wort Gottes und die Sakramente - Taufe, Abendmahl und Beichte (das „halbe" Sakrament im Protestantismus) - eine Rolle spielen. Vermutlich hat eine spätere Zeit an soviel Kirchlichkeit Anstoß genommen und die Zeile geändert!

Die Lebenswelt auf der Heidecksburg als Schlossherrin verlangte von Ämilie Juliane ziemliche Führungsqualitäten, ihr Koch- und Haushaltungsbuch gibt über die umfangreichen Aufgaben Auskunft. Kennzeichnend für ihre Art, Religiosität und Alltagsaufgaben zu „vernetzen", ist schon das Vorwort dieses handgeschriebenen Buches: „Nachdem alle Ding durch Gottes Segen, wofern sie in seinem Namen angefangen, regiert werden, also muß vor allen Dingen in der Haushaltung das Gebet vorher gehen, daß es recht heißt: ora et labora (= bete und arbeite), und wie Sirach saget am 11. Kapitel seines Buches: „Es kompt alles von Gott, Glück und Glück und Unglück, Leben Unglück, Leben und Tod, Armuth und Reichthum, den Frommen gibt Gott Güter, die da bleiben, und was er bescheret, das bleibet immerdar. Wenn nun das Hausregiment mit einem starken Gebeth angefangen würd, folget alsdann gewiß, das der Segen des Herrn reich machet, dazu einem jeden frommen Haußvater und Haußmutter Gott der allerhöchste seine Gnad verleihen und geben wolle, Amen."

Abgesehen von dem Detail, dass (nicht nur hier!) selbstverständlich eine „frauengerechte" Sprache verwendet wird („Haußvater und Haußmutter"), war Ämilie Juliane, die Schlossherrin auf der Heidecksburg, gewiss keine moderne Frau. Schon ihre häusliche Lebenswelt war eher das Gegenteil einer Kleinfamilie: nach einer handschriftlichen Liste von ihr zählten 152 Personen zum „Hochgräfl. Hoffstatt Rudolstadt", die „Summa alles Bettwerghs" auf der Burg umfasste 205 Betten, 134 Pfühle und 95 Kissen ... auch diese Verzeichnisse haben „Im Namen Jesu" als Überschrift! Dabei waren diese Betten nicht so einfach im Katalog zu bestellen, sondern von der Matratzenfüllung über „Barchent" als Inlettbezug bis zum Leinen der Bettbezüge alles erst herzustellen (Rechnungen darüber sind noch im Archiv der Heidecksburg vorhanden, etwa über eine Lieferung von „766 Ellen gebleichtem Drill" !). Gewiss hatte Ämilie Juliane eine Verwalterin (die

„Hoffmeisterin“ Marie von Marie von Schlainitz, geb. Schlainitz, geb. von Güntherode) und andere Personen, sozusagen vom „unteren Management“, aber die letzte Verantwortung als „Haußmutter“ des ganzen Schlossbetriebes lag doch bei ihr.

Schon die tägliche Versorgung der Bewohnerinnen und Bewohner auf der Heidecksburg war eine wichtige Aufgabe: zum Besitz gehörten natürlich auch ausgedehnte landwirtschaftliche Güter, von deren Ertrag der „Hochgräfliche Hoffstatt“ leben konnte - das hört sich einfach an, aber wie war die Versorgung im Winter und Frühjahr? Zwar gab es damals in Deutschland schon erste Ansätze, auch Südfrüchte in „Orangerien“ anzubauen, aber der Großteil der Versorgung in der kalten Jahreszeit kam aus der Vorratshaltung. Das bedeutete eine intensive Arbeit zur Erntezeit und entsprechende Rezepte und Ratschläge finden sich auch im Koch- und Haushaltungsbuch von Ämilie Juliane. So schreibt sie „Im Namen Jesu / das trukene Obst mit Zukker zu machen“ oder „Citronen Waßer zu kochen“, aber auch das Rezept für ein „Weiber-Aquavita“ ! (Dass auch beschrieben wird, was zu tun ist, wenn eine Kuh verhext ist, gehört auch zur Haushaltung im 17.Jahrhundert !) Kuh- und Schweineställe befanden sich ja innerhalb der Burg, ebenso die Pferdeställe, gewissermaßen der „Fuhrpark“. Und neben dem alltäglichen Leben gab es immer wieder kleinere und größere Höhepunkte: Besuche etwa der Verwandtschaft, Verwandtschaft, aber aber manchmal auch höhergestellter Herrschaften. Das bedeutete dann einen standesgemäßen Empfang jeweils vorzubereiten: immerhin umfasste die Musikkapelle ohne die Sänger 26 Personen, dazu 14 Trompeter! Die Verzeichnisse dieser Personen legte Ämilie Juliane gewissenhaft an, immer unter der Überschrift „Im Namen Jesu“! Welche Aufregung die Besuche für sie mit sich brachten, kommt in einem ihrer Gedichte „Beim Abzug der Gäste“ zum Ausdruck:

„Hab Danck für Deinen Segen,
den du gabst allerwegen,
dadurch wir hatten stetig,
was zur Bewirtung nötig.“

Alles, was sie bewegt, bringt sie in Liedern vor ihren Gott - Freud und Leid, Alltag und Sonntag, das Kirchenjahr natürlich und kirchliches Leben in allen Schattierungen, nichts ist ausgeschlossen, sogar ein Verzeichnis des Schmuckes ihres Mannes an Diamanten, Rubinen, Saphiren, Gold etc. schmückt sie mit der Überschrift „Im Namen Jesu“ und dem Nachsatz: „Gott schütze alles wie bisher und segne es je mehr und mehr!“

Feste feiern, Schmuck und Grund und Boden besitzen - nie wäre es Ämilie Juliane wohl in den Sinn gekommen, dies grundsätzlich abzulehnen! abzulehnen! Radikale Armut Radikale Armut wie bei Elisabeth von Thüringen war ihre Sache nicht - voll und ganz akzeptiert sie ihren gesellschaftlichen Ort mit seinen Pflichten und Aufgaben: war der Besitz ihres Mannes an Edelsteinen und Schmuck nicht auch ein Ausdruck der Stabilität seiner politischen Position? Gewiss wandte sich Ämilie Juliane immer wieder gegen allzu prunkvolle Feste, wie sie im Barock damals an manchen Fürstenhöfen üblich waren, aber seinen „Stand“ in Frage zu stellen - undenkbar für sie und ihre Familie! Hier zeigt sich auch ein eher protestantisches Berufsethos: nicht aus der Welt in einer Sonderwelt (Kloster) zu fliehen, natürlich auch nicht das moderne Karrierestreben (möglichst weit nach oben!), sondern die Überzeugung: da, wo Gott mich hingestellt hat - egal ob in der Waschküche des Schlosses oder als „Regierungschefin“ - da will ich mein Bestes nach Gottes Willen tun, eingebunden in die Kirche. So dichtete Ämilie Juliane in ihrem Lied „Einer Obrigkeit“:

„Mein Jesu! hilff mit That und Rathe !
daß ich stets leb nach meiner Pflicht;
nach dir mich richte früh und spate;
mit Willen mich versäume nicht;
hilff! daß mein Amt ich führe wohl;
recht richt, helff, straffe, wie ich soll.“

Sie richtete regelmäßige regelmäßige Stiftungen für Stiftungen für Bedürftige ein, ebenso für Vertriebene („Exulanten“, also etwa Asylbewerber), deren Schicksal sie ja selbst als Kind erfahren hatte. So kann sie auch dichten:

„Ich will, Gott, nach deiner Hand
Jetzt von einem Ort zum andern
Als ein armer Exulant,
Wo du hin willst, mit dir wandern.
Ich verlasse bloß um dich,
Der du dich auch gabst für mich,
Alle Habe williglich.“

Die Verheerungen des Dreißigjährigen Krieges wirkten immer noch nach und viele Menschen hatten Haus und Hof verloren, ohne so schnell nach Kriegsende wieder Fuß fassen zu können. Für Männer und Frauen mit Entscheidungsbefugnis und Verantwortung gab es daher viele Gelegenheiten, praktisches Christentum zu leben. Auch dürfen wir nicht vergessen, wie bedroht im 17. Jahrhundert das Leben täglich war: Krankheiten, die wir heute als „Kinderkrankheiten“ bezeichnen und fast schon nicht mehr recht mit ihrer Gefährlichkeit rechnen, waren damals lebensgefährlich. Ämilie Juliane erlebte dies in ihrer nächsten Umgebung: ihre drei Pflegeschwestern starben innerhalb weniger Tage hintereinander an den Masern. Mit einer davon, Ludämilie, war Ludämilie, war sie von klein von klein auf besonders innig verbunden gewesen; beide hatten im Wettstreit geistliche Lieder verfasst, wobei Ludämilie wohl die begabtere war - ihre Lieder fanden sich noch um die Jahrhundertwende in manchen Gesangbüchern. Ihr früher Tod 1672 musste Ämilie Juliane umso härter treffen.

Nicht zu vergessen ist auch die Gefährlichkeit einer Geburt in dieser Zeit: Ämilie Juliane hatte nur zwei Kindern das Leben geschenkt, dabei starb das erste, ein kleines Mädchen, schon bald nachdem es geboren war. Aber auch für die Mutter war es oft lebensbedrohlich, ein Kind zur Welt zu bringen - deshalb kann Ämilie Juliane, die alle Phasen eines (weiblichen) Lebens vor Gott in ihren Liedern ausbreitet, auch dichten:

„Nach glücklicher Entbindung

Kaum meinet ich, es gieng zum Tod,
es wär mit mir zum Ende
Da brachte Glück der Wunder-Gott;
da halffen seine Hände;
da riß er aus der Kindes-Noth,
und schenckte Leben für den Tod
der Meister mir zu helffen."

Krankheiten wie die Pest waren im Barockzeitalter noch nicht ausgerottet, sondern konnten sehr wohl eine Gefahr bilden, auch diese Ängste hat Ämilie Juliane in ihren Liedern ausgedrückt und vor Gott gebracht. Jedes Unwetter im Sommer konnte für die Ernte und damit für die Lebensmittelversorgung eine echte Bedrohung sein - die Liedergattung „Wetterlieder“ war noch bis ins 20. Jahrhundert eine bekannte Rubrik der Gesangbuchlieder, auch das „Wetterlied“ von Ämilie Juliane wurde noch bis dahin gedruckt und gesungen. Darin schreibt sie:

„Ich will mit dem, was mein
Dir ganz gelassen sein,
Dein Flügel wird uns decken,
verjagen alle Schrecken,
und lassen uns aus Gnaden
das Wetter gar nicht schaden.“

Das Dichten geistlicher Lieder war Ausdruck ihres persönlichen Glaubens, es hatte aber auch einen doppelten „Sitz im Leben“:

einmal waren ihre Lieder bestimmt für die täglichen Betstunden und Hausandachten im Schloss; denn die nach der Reformation noch längere Zeit geübten kirchlichen Stundengebete der Gemeinde (wie in den katholischen

Klöstern noch heute heute praktiziert) wurden wurden langsam abgelöst von der Privatandacht im eigenen Haus. Allerdings ist in der Zeit von Ämilie Juliane mit „privat“ ein ganzer Betrieb von, wie erwähnt, über 100 Personen zu verstehen - keine Kleinfamilie im modernen Sinn. Sich für diese Privatandachten eigene Lieder und Gebete auszudenken, war zwar nicht jedermanns und jederfrau Sache, aber doch im evangelischen Raum immer wieder von begabten Menschen eine Art „geistliches Hobby“. Schließlich war und ist es ja gerade ein evangelisches Anliegen, das Priestertum aller Gläubigen zu verwirklichen. Ob es andere Liederdichter und -dichterinnen gibt, die so umfassend alle Wechselfälle des Lebens wie Ämilie Juliane bedichteten und zwar bewusst als „Leben vor Gott im Alltag“, möchte ich bezweifeln. Jeden Wochentag hat sie viermal bedichtet, das Kirchenjahr selbstverständlich, aber sie dichtete auch ein Lied „Einer Kinder-Wärterin“, oder „Der Eltern, wenn sie ihr Kind in die Schule schicken“, „Einer Person, die einen Freyer hat“ (darin heißt es: „du siehest den, der mich begehrt, du kennst am besten die Person, ob sie dich lieb, und folge dir, und ob du rathest mir zu ihr“). Einen Aspekt weiblichen Lebens bedenkt auch das Lied „Einer Officirs-Frauen, nachdem ihr Herr wieder glücklich nach Hause kommen“, endlich das „Einer Wittwen“. Daneben kann sie sich genauso gut in junge Pfarrer („Vor der Ordination“), Hofbeamte,

Dienstboten jeder Art, Art, Tagelöhner und und Heuschnitter hineindenken und für sie entsprechende Lieder dichten. Ihren Realitätssinn und ihre Lebenserfahrung drückt ihr Lied „Vor der (Erb-)Theilung“ aus:

„Hilff, daß wir uns gar nicht entzweyn
bei Theylung deiner Gaben,
einhellig und einmüthig seyn,
und gleiche Liebe haben,
damit wenn es geht an das Gut,
sich ja nicht etwa scheid das blut
und wir in Sünde fallen.“

So sehr haben sich heute die Menschen wohl nicht geändert, als dass nicht Ämilie Julianes Bitten auch jetzt aktuell sein könnten!

Der zweite „Sitz im Leben“ ihrer vielen Lieder ist die Bewegung im deutschen Sprachraum, überhaupt in der eigenen Sprache zu dichten. In der ersten Hälfte des 17. Jahrhunderts schrieb Martin Opitz seine epochemachende Schrift „Von deutscher Poeterey“, in der er die deutsche Sprache gesellschafts- und dichtungsfähig machte, ebenbürtig der lateinischen oder französischen. Dies war bis dahin keineswegs selbstverständlich und erst jetzt begannen Deutsche, in der eigenen Sprache und natürlich nach den

Regeln von Martin Opitz Opitz Gedichte zu machen. machen. Dabei war nicht Originalität gefragt, sondern die souveräne Handhabung der Sprache und der Regeln. Ämilie Juliane gehört zu den Frauen, die an dieser „Dichterbewegung“ teilhatten - sie war keineswegs die einzige Frau (Katharina von Greiffenberg etwa wäre hier zu nennen), aber doch eine der ganz wenigen Frauen, deren Lieder heute noch gesungen werden in den Gemeinden.
Manche haben an ihrer Dichtung bemängelt, dass sie ohne originelle Bildersprache, gewissermaßen etwas hausbacken schreibt, um nicht zu sagen schlicht! Aber dies ist auch möglicherweise auf ein Frömmigkeitsideal zurückzuführen: im aufkommenden Pietismus sollte gerade die Sprache der Gebete und Lieder nicht gesucht und gekünstelt, sondern schlicht und von Herzen kommend sein.

Die Bewegung, in deutscher Sprache zu dichten, hatte zur Folge, dass sich Männer (teilweise auch Frauen) zusammenschlossen in sogenannten „Sprachgesellschaften“. Sie trafen sich in geselliger Form, trugen gegenseitig ihre Gedichte vor und diskutierten darüber. Da in diesen Sprachgesellschaften sowohl Adlige als auch Bürgerliche waren, und im Barockzeitalter die Standesunterschiede (auch zwischen hohem und niedrigem Adel) absolut starr waren, gaben sich die Mitglieder neue „Vereinsnamen“. Die erste dieser Sprachgesellschaften war die „Fruchtbringende

Gesellschaft“ in Jena, in Jena, in Anlehnung daran Anlehnung daran gründete Ahasverus Fritsch, der bereits erwähnte fromme Kanzler von Schwarzburg-Rudolstadt, 1676 eine „Fruchtbringende Jesus-Gesellschaft“. Deren Mitglieder hatten allerdings nicht nur das Dichten geistlicher Lieder in deutscher Sprache, sondern genauso praktisches Christentum zu ihren Zielen gemacht. Sie bemühten sich bewusst um Hilfe für Arme und Schwache, besonders für Kinder. Wie bei den Sprachgesellschaften üblich, trugen die Mitglieder ihre speziellen Namen, Ämilie Juliane war die „Freundin des Lammes“. Unter diesem Namen erschienen später auch gedruckte Ausgaben ihrer Lieder.

Leider gab es in und wegen der „Fruchtbringenden Jesus-Gesellschaft“ wohl einigen Ärger, der berühmte „Begründer“ des Pietismus, Philipp Jakob Spener, veröffentlichte einige negative Sätze über diese Initiative des Ahasverus Fritsch. Vielleicht war dies auch ein Grund, dass wir weiter nichts davon mehr hören.

Freude hatte Ämilie Juliane an ihren Enkelkindern: ihr einziger Sohn Ludwig Friedrich heiratete 1691 Anna-Sophie von Sachsen-Gotha; dieser Ehe entstammten elf Kinder, von denen acht überlebten. Wie es ihre Art war, goß sie auch die Freuden und Sorgen des Großmutter-Daseins in Verse: „Wenn der Enkel zum ersten Mal in die Schule geht“, oder

„... zum ersten Mal zum zum Heiligen Abendmahl" Abendmahl" oder gar „Wenn der Enkel eine Rede hält" ! Mit zunehmendem Alter bekam Ämilie Juliane Stein- und Gichtleiden, wohl auch in „Ermangelung der Bewegung und wegen allzu vielen Sitzens, Schreibens, Meditierens", wie ein zeitgenössischer Biograph schreibt. Sicher war es ihr schlicht beschwerlich geworden, den holprigen Weg herunter und herauf zur Heidecksburg zu Fuß zu gehen - auch in den üblichen Pferdewagen oder gar Sänften war das nicht unbedingt ein Vergnügen, von den Wetterbedingungen wie z.B. im Winter bei Glatteis ganz zu schweigen. Oder mochte sie das Reiten auch nicht? Darüber schweigen ihre Lieder! Musste sie nicht mehr nach ihren landwirtschaftlichen Gütern oder nach der „Mägdlein Schulen hiesiger Statt" schauen, für die sie 1674 eine Stiftung eingerichtet hatte? Vielleicht war die weitläufige Heidecksburg mit ihren vielen Bewohnern und dem anmutigen weiten Ausblick über das unten liegende Rudolstadt und die grüne Hügelkette des Thüringer Waldes ja ganz behaglich für sie - die Wohngemächer waren nicht gerade armselig, so heißt es von „Serenissimae ordinairem Wohnzimmer", als ihrem gewöhnlichem Wohnzimmer: darin waren eine gelbe Tapete, zwei Familienportraits, zwei Tischchen von Alabaster auf zwei schwarzen Säulen, zwei Spiegel in „vergüldetem" Rahmen, zwei „Fauteillen"

(Sessel), sechs Stühle, zwei Stühle, zwei weitere weitere Tischchen, ein „halb eiserner“ Ofen.
Wegen ihrer Leiden suchte Ämilie Juliane nicht nur Hilfe in geistlichen Übungen, sondern auch bei Kuren in Karlsbad. Auch darüber dichtete sie Lieder - wie gesagt, eine unheilvolle Trennung zwischen „Sonntagschristentum“ und Alltag kannte sie nicht. Wenn je evangelischer Frömmigkeit „Verkopfung“ und eine abwegige Trennung von Körper und Geist vorgeworfen wurde, so sind Ämilie Julianes Verse von ihrer Karlsbader Kur dagegen zu setzen:

„Vor dem Gebrauch des Sauer- Brunnens
Mein Gott/weil du aus Lieb allhier
geschaffen Sauer-Brunnen/
so danck ich dafür herzlich dir/
und bin anjetzt gesonnen
desselben zu bedienen mich/
hilff/daß ich dessen fruchtbarlich
zur G’sundheit mög genießen.

Ich hab zuerst die Seel curiert
mit Jesu Leib und Blute/
hilff/ daß die Brunnen-Cur geführt
werd auch dem Leib zu gute/
ich lege mich in deine Händ/
der Anfang/Mittel und das End

sey dir hierinn befohlen.“ befohlen.“

Trotz der Hoffnung auf Genesung war Ämilie Juliane sich stets bewusst, dass sie eines Tages sterben musste. Im Gegensatz zu unserer Gegenwart lebten gerade im Barock die Menschen aller Gesellschaftsschichten in einer großen Bewusstheit des Endes allen irdischen Lebens. Ja, man kann von der Todessehnsucht als Gegenpol zu der üppigen Festkultur in dieser Epoche sprechen. Am Beispiel der Reichsgräfin von Schwarzburg-Rudolstadt lässt es sich etwas veranschaulichen: einerseits eine ungebrochene Freude am Dasein, auch am aristokratischen Leben, am Reichtum (kurzes Gebet: „Bey Auslehnung eines Capitals“), aber genauso auch dies: in den letzten Lebensjahren richtete sie neben der normalen Betstunde noch täglich um 16 Uhr eine extra Sterbe-Betstunde ein, um sich auf den eigenen Tod, die „Hochzeit mit dem Lamm“ vorzubereiten.
Da diese Art von Sterbekunst, die ars moriendi, aus unserem Leben mehr oder weniger verschwunden ist, erscheint es sinnvoll, an Ämilie Julianes zweitem Lied im Gesangbuch diese Kunst näher zu betrachten:

„1. Wer weiß, wie nahe mir mein Ende!/
Hin geht die Zeit, her kommt der Tod;
ach, wie geschwinde und behende/
kann kommen meine Todesnot.

Mein Gott, ich bitt durch durch Christi Blut:
machs nur mit meinem Ende gut.

2. Es kann vor Nacht leicht anders werden, /
als es am frühen Morgen war;
denn weil ich leb auf dieser Erden, /
leb ich in steter Todsgefahr. /
Mein Gott, ich bitt durch Christi Blut:
machs nur mit meinem Ende gut.

3. Herr, lehr mich stets mein End bedenken/
und, wenn ich einstens sterben muß, /
die Seel in Jesu Wunden senken/
und ja nicht sparen meine Buß.
Mein Gott, ich bitt durch Christi Blut:
machs nur mit meinem Ende gut.

4. Laß mich beizeit mein Haus bestellen, /
daß ich bereit sei für und für/
und sage frisch in allen Fällen:
Herr, wie du willst, so schicks mit mir! /
Mein Gott, ich bitt durch Christi Blut:
machs nur mit meinem Ende gut.

5. Ich habe Jesum angezogen/
schon längst in meiner heilgen Tauf; /

du bist mir auch daher daher gewogen, /
hast mich zum Kind genommen auf. /
Mein Gott, ich bitt durch Christi Blut:
machs nur mit meinem Ende gut.

6. Ich habe Jesu Leib gegessen, /
ich hab sein Blut getrunken hier; /
nun kannst Du meiner nicht vergessen, /
ich bleib in ihm und er in mir. /
Mein Gott, ich bitt durch Christi Blut:
machs nur mit meinem Ende gut.

7. So kommt mein End heut oder morgen, /
ich weiß, daß mirs mit Jesus glückt; /
ich bin und bleib in deinen Sorgen, /
mit Jesu Blut schön ausgeschmückt. /
Mein Gott, ich bitt durch Christi Blut:
machs nur mit meinem Ende gut.

8. Ich leb indes in dir vergnüget/
und sterb ohn alle Kümmernis. /
Mir g'nüget, wie mein Gott es füget; /
ich glaub und bin es ganz gewiß:
Mein Gott, aus Gnad durch Christi Blut/
machst du's mit meinem Ende gut.“

Auch bei diesem, noch heute noch heute gesungenen Lied, gesungenen Lied, verwendet Ämilie Juliane viele biblische Bilder und Anklänge: so etwa Psalm 90,12: „Lehre uns bedenken, daß wir sterben müssen“ oder das Bild von der Taufe als ein Kleid, das wir anziehen, wodurch eine ganz innige Gemeinschaft mit Christus ausgedrückt wird: „Denn ihr alle, die ihr auf Christus getauft seid, habt Christus angezogen“ (Gal. 3,27). Ebenso findet sich in diesem Lied - wie in fast jedem von ihr - der Hinweis auf das Blut und die Wunden des gekreuzigten Jesus, das ist sozusagen ihr Rettungsanker in allen Ängsten und Sorgen, an dem sie sich immer wieder seelisch festklammert. Der Kehrvers im erwähnten Lied „Mein Gott, ich bitt durch Christi Blut: machs nur mit meinem Ende gut“ ist typisch dafür, ebenso die Wendung im dritten Vers „... die Seel in Jesu Wunden senken“. Diese Konzentration auf das Leiden des Gekreuzigten ist auch ein Kennzeichen des religiösen Barockzeitalters - von Martin Luther gibt es kein einziges Passionslied, dagegen stammen die eindrucksvollsten Lieder dazu aus dem Barock (man denke nur an Paul Gerhardts „O Haupt voll Blut und Wunden“).

Ist Ämilie Juliane mit dieser Art, ihre religiöse Bindung an den gekreuzigten Heiland auszudrücken, eine Tochter ihrer Zeit, so legt sie doch auch eigene Schwerpunkte, die m.W. in der (evangelischen) Kirche bis dahin keine Ehefrau und Mutter so ausgedrückt hat: das ist die Sprache der sogenannten Brautmystik. Brautmystik. Wie bereits bereits erwähnt, wird dabei die menschliche Seele mit einer Braut, Christus mit einem Bräutigam verglichen. Wie ein Brautpaar sich glühend nach der Vereinigung mit Leib und Seele sehnt und seiner gegenseitigen Liebe in beredten Worten Ausdruck gibt, so sehnt sich die Seele nach der Einheit mit Gott, mit dem gegenwärtigen Christus. Auch Ämilie Juliane ist gewiss von dieser Strömung erfasst worden - in ihrem Lied „Wer weiß, wie nahe mir mein Ende“ findet sich das Bild für die geistliche Erfahrung bei der Kommunion: „Nun kannst du meiner nicht vergessen,/ ich bleib in ihm und er in mir“. (Vers 6). Ebenso singt sie ein Lied mit dem Refrain „Ich bin des Lammes Braut“ (Christus wird dabei biblisch als das Lamm Gottes verstanden, für die Rede von der „Braut des Lammes“ vgl. Offenbarung 19,22) oder sie dichtet ein „Abend-Lied nach dem Hl. Abendmahl“: „Ich bin Jesu Braut heut worden, steh in seinem Liebes-Orden“. In einem anderen Abendmahlslied mit der Überschrift „Um Erhaltung der Vereinigung mit Christo“ dichtet sie: „Mein Jesu, ich bin eins mit dir, verlobet und vertrauet“.

Da eine adlige Dame wie Ämilie Juliane selbst eine prunkvolle Braut war, lag ihr diese Bilderwelt der „schön geschmückten Braut“ gewiss sehr nahe. So dichtet sie: „Es geht zur Hochzeit zu, die Krone blinkt von oben ... es ist Zeit über Zeit, daß ich den Schmuck anleg“. Mit dem

Schmuck ist das Blut Jesu Blut Jesu gemeint, das vor das vor Gott gerecht macht. Das Sterben und die Todesschrecken nicht als einen dunklen Abgrund oder eine Auflösung ins Nichts hinein zu verstehen, sondern als freudvolle Hochzeit, für die eine Frau den schönsten Schmuck anlegt - ist dies nicht eine wahrhaft christliche (und weibliche!) Haltung dem Tod gegenüber, dessen Schrecken ja durch die Auferstehung Jesu Christi besiegt sind?

Ämilie Juliane entschlief zur Zeit ihrer Sterbe-Betstunde, um 16 Uhr, am 3.Dezember 1706. Ihr Sarkophag (genannt die „zwiefache Höhle“, zusammen mit ihrem Mann) steht heute noch in der Stadtkirche in Rudolstadt. Den Predigttext für ihre Leichenpredigt hatte sie selbst bestimmt: „Christus ist mein Leben und Sterben mein Gewinn“ (Phil.1,21). Zu ihren Ehren und zu ihrem Gedenken fanden natürlich Gottesdienste und Feiern im ganzen Lande statt, sie sind alle gesammelt in dem „Schwarzburgischen Denckmahl einer Christ-Gräflichen Lammes-Freundin“. Auch wenn Ämilie Juliane eine tiefgläubige Frau war, schloss das keineswegs barocke Beerdigungsfeierlichkeiten mit allem Pomp und über viele Tage hinweg aus. Die Redner zu ihren Ehren stellen Ämilie Juliane übrigens auch ganz problemlos in die lange Reihe begabter und berühmter Frauen, von der Antike angefangen bis ins 18. Jahrhundert - keine Rede von etwaiger weiblicher Unfähigkeit, gar vom „Schwachsinn des Weibes“ - dies war erst war erst dem angeblich so angeblich so fortschrittlichen frühen 20. Jahrhundert vorbehalten.

Was macht den Zauber ihrer Lieder aus, dass, wie zu Anfang erwähnt, auch in eben diesem 20. Jahrhundert und bis heute noch ihre Lieder „Bis hierher hat mich Gott gebracht“ und „Wer weiß, wie nahe mir mein Ende“ bekannt sind und gesungen werden? Vielleicht ist es weniger ihre sprachliche Qualität - da gab es zu ihrer Zeit sicher bessere Dichter und Dichterinnen - als ihre ehrliche Empfindung und ihr echter Glaube: jeder Augenblick ihres Lebens, ob bei der Zahlung von Zinsen, der Einfuhr der Heuernte, dem Abreisen der Enkel oder beim Gottesdienst, - stets ist ihr dieser Moment ein Augenblick vor Gott, ohne Abwertung des „niederen Alltags“.

Eduard Emil Koch, der im 19. Jahrhundert die „Legenden“ um unsere Gesangbuchlieder sammelte und herausgab, berichtet, welche Wirkungsgeschichte ihr Lied „Wer weiß, wie nahe mir mein Ende“ hatte: Tagelöhner und Hocharistokraten, Missionare bei den Indianern und Offiziere der schwedischen Armee machten mit diesem Lied tiefe religiöse Erfahrungen.

Magdalena Sibylla Rieger - die weibliche Heldin in Feuchtwangers „Jud Süß“ (1707 – 1786)

(„Magdalena Sibylla Rieger“ von Mayer/Haidt - http://www.elk-wue.de/fileadmin/mediapool/elkwue/bilder/gedenktage/Rieger_Magdalena_Sibylla_III.JPG. Lizenziert unter Public domain über Wikimedia Commons)

Das 18. Jahrhundert war eine Zeit in Deutschland, die den geistlichen Dichterinnen wohl gesonnen war, so dass ein Gelehrter 100 Jahre später ausrufen konnte: „Welche Frauen! Welcher Reichtum!“ Eine davon ist die Württembergerin Magdalena Sibylla Rieger. Von ihr stammt das Lied „Meine Seele voller Fehle“ im Württembergischen Regionalteil des Evangelischen Gesangbuchs.

Magdalena Sibylla ist wie ein vielschichtiges Gemälde - man muss etwas daran kratzen oder vielmehr behutsam die Schichten abtragen, um ihrer Persönlichkeit wirklich nahe zu kommen. So war sie eine „gekrönte Dichterin“ zu Lebzeiten, einige Generationen später wurde sie dann als „kindlich-einfältige Seele“ gesehen und im 20. Jahrhundert von Lion Feuchtwanger in seinem Drama und Roman „Jud Süß“ noch einmal ganz anders, als erotisch-attraktive Frau dargestellt und gelangte mit den vielfachen Übersetzungen des Romans zu internationaler Bekanntheit.

Was für eine Persönlichkeit sie wohl gewesen sein mag? Um es vorwegzunehmen: sie war gewiss eine tieffromme und starke Frau, mit Ecken, Kanten und den Grenzen, die durch ihre Zeit und Gesellschaft gegeben waren.

Sie wurde am 29. Dezember 1707 in Maulbronn geboren als Tochter von Maria Dorothea Rieger, geb. Schreiber und

Philipp Heinrich Weissensee, der Klosterpräceptor, also Lehrer, am dortigen Knabeninternat war. So idyllisch sich das anhört, so krass konnten in Wirklichkeit die Lebensverhältnisse damals aber sein. Ein Biograph erzählt: „Da ihre Mutter nämlich sie noch unter dem Herzen trug, hatte diese beim Raubeinfall der Franzosen einen großen Schrecken durchzumachen; beide Eltern flüchteten, von beständigem Kriegslärm umschwärmt, nach Schwäbisch Hall, wobei der Wagen zweimal umstürzte“. Wie mag es der werdenden Mutter da ergangen sein? Die Zeit des beschwingten Rokoko, der vielen galanten Feste und des verfeinerten Lebensgenusses hatte auch diesen düsteren Hintergrund, dass das spielerisch scheinende Leben stets bedroht war. Als ihr Vater Philipp Heinrich Weissensee nach Blaubeuren wechselte an die dortige Schule, wäre Magdalena Sibylla als einjähriges Baby fast erfroren. Der Umzug im März über die schneebedeckte Rauhe Alb nach Blaubeuren war schlimm für ein so kleines Kind. Ihre späteren ständigen Kopf- und Nervenbeschwerden brachte sie mit diesen Erlebnissen in Zusammenhang - vielleicht nicht zu Unrecht.

Oft starben in jener Zeit die Kinder schon in jungen Jahren, Kinderkrankheiten waren lebensgefährlich und auch schlicht die Aufsicht über die Kleinkinder nicht so gut möglich, so dass etwa den Bäuerinnen, die den ganzen Tag auf dem Feld arbeiten mussten, die Kinder oft an den Folgen häuslicher

Unfälle starben. Auch Auch Magdalena Sibylla Sibylla verlor ihre beiden Brüder schon in frühen Jahren, deshalb wandte ihr Vater viel Energie auf für die Erziehung seines einzigen Kindes. Er führte sie in alte und neue Sprachen, in die Natur- und Weltgeschichte, sowie natürlich in die Bibel ein. Unter seiner Anleitung übte sie auch Gesang, Klavier (das „Clavecin") und die Dichtkunst. Die gelehrige und sich rasch entwickelnde Schülerin war der Stolz des Vaters - Magdalena Sibylla war sozusagen eine echte Vatertochter. Mochte sie auch noch so begabt sein, eine systematische Ausbildung am Gymnasium oder gar der Universität war ja unmöglich für ein Mädchen. Sicher hat sie da manchmal mit gemischten oder bitteren Gefühlen ihren Vater in das traditionsreiche Klostergebäude in Blaubeuren gehen sehen, wo alle begabten Jungen des Landes, auch die aus recht armen Familien, die Chance bekamen, kostenlos zu lernen, so dass ihnen eines Tages, nach dem Abitur, alle Laufbahnen in Kirche und Gesellschaft offen standen. Und viele dieser Schüler, die Magdalena Sibylla vielleicht von der Küche oder dem Garten aus beobachten konnte, sind auch etwas geworden: die ehemaligen Klosterschulen waren ja die Pflanzstätten des evangelischen Württemberg für tüchtige Pfarrer und Beamte. Aber einen verschlungenen Weg, den eigenen Geist zu entfalten, gab es doch für ein solches Mädchen, wie Magdalena Sibylla es war: einen von diesen Knaben einmal zu heiraten. Recht jung jung schloss sie die Ehe mit die Ehe mit Emmanuel Rieger, dem Bruder des bekannten Theologen Georg Konrad Rieger. Von dieser frühen Eheschließung sagt sie rückblickend mit der ihr eigenen treffsicheren und unverblümten Sprache:

„Ich ging von meinen Eltern aus

vielmehr noch mit der Kinder Docken

Dann mit der Nadel, Zwirn und Rocken

und solt nun einem eignen Haus,

gebührlich vorzustehen wissen

und ehlich einen Bräutgam küssen...

Die Freiheit, die ich hier verlohr,

noch eh ich wußte, sie zu schätzen,

die wußte Gott wohl zu ersetzen

und gab mir tausend guts davor

und einen Mann nach meinem Herzen.“

Magdalena Sibylla war also eine ganz normale bürgerliche Ehefrau ihrer Zeit - innerhalb der damaligen Bewegung des Pietismus, der „bewußt Frommen“, verlief ihr Leben innerhalb der üblichen gesellschaftlichen Grenzen. Es gab nämlich damals durchaus auch „wilde Frauen“, die, getrieben von ihrer ekstatischen Frömmigkeit, in wilden

Horden, Frauen und Männer, und Männer, durchs Land durchs Land zogen und sehr wohl der geistlichen und weltlichen Obrigkeit zu schaffen machten. So ganz harmlos war der Pietismus nicht - auch die Liederdichterin Henriette Louise von Hayn hatte mit den Behörden zu kämpfen, ehe sie es durchgesetzt hatte, zur Brüdergemeine des Grafen Zinzendorf gehen zu dürfen (s.u.).

Zur Zeit der Magdalena Sibylla waren Frauen im Bürgertum auf ihre Rolle als Hausfrau und Mutter im großen und ganzen festgelegt; wobei der Haushalt eines damaligen höheren württembergischen Beamten - Emmanuel Rieger war zuletzt Stadtvogt von Stuttgart - nicht mit der modernen Klein- und Kleinstfamiliensituation zu vergleichen ist. Der Haushalt umfasste das Ehepaar und seine Kinder (Magdalena Sibylla gebar insgesamt sechs Kinder, nur Maria Dorothea und Immanuel erreichten davon das Erwachsenenalter), daneben die zahlreichen Dienstboten und u.U. auch Angehörige der älteren Generation. Da die Arbeitsteilung in der Gesellschaft des 18. Jahrhunderts noch nicht so fortgeschritten war, wie in unserer Gegenwart, war jeder Haushalt auch sehr viel mehr auf Selbstversorgung angewiesen - allein die Vorratswirtschaft für die kalte Jahreszeit war eine umfangreiche und lebensnotwendige Arbeit. Auch die Herstellung und Reparatur der Kleidung und Bettwäsche geschah zum großen Teil innerhalb des Haushalts. Als Beispiel für den Umfang dieser

Haushaltsarbeit lassen wir lassen wir eine Zeitgenossin Zeitgenossin der Magdalena Sibylla zu Wort kommen mit einer Anweisung für die Behandlung der Wäsche (das Ganze dauerte von Montag bis Freitag): „Wenn die Wäsche Montag früh mit dem Tage anfangen soll, wird das Gefäß Mittwoch oder Donnerstag in den Hof gesetzt. Was schadhaft ist, vom Böttger ausgebessert, die Dauben eingerichtet, mit einem nassen Lumpen die Dauben in- und auswendig bestrichen, auf den Boden Wasser gegossen und eingebühnet. Freitag früh wird das Wasser getragen, dabei bekommt jede Wäscherin eine Semmel und 3 Pfennig zu Brandewein. Die Lauge wird über die große Wanne ... gestellet. In den Laugen Korb kommt erst etwas Reiß Holtz und Stroh, alsdann das Aschentuch, wieder etwas Stroh und beinahe eine Gölte mit Asche. Wenn diese Wanne und der Kessel voll Lauge gelauffen, ist es genug. - Freitag oder Sonnabend werden 2-3 Stück klein geschnittene Seiffe in 4 Kannen Lauge zum Eintütschen gekochet.

Sonntag nach der Vesper setzt eine Wäscherin die Mittlere Wanne auf 2 Böcke ins Kämmerchen, macht Feuer unterm Kessel, dartinnen halb Wasser und halb Lauge, so warm, bis man die Hand nicht mehr darinnen leiden kann. Alsdann wird etwas Koch Seiffe und eine Gölte warmes Wasser in die Wanne gegossen, jedes Unterhemd stückweise eingetunket, in den Winkel der Wanne zuammengelegt, bis alle hinein sind, dann wieder gleich gelegt und immer Koch

Seiffe und warmes Wasser Wasser dazwischen dazwischen gegossen, mit dem Deckel zugedecket, biß an den Morgen stehen gelassen.“ Dies ist nur der Auftakt der Wasch-Anweisung...

Magdalena Sibylla muss eine energische Person gewesen sein, ganz gewiss nicht sprachlos und unterwürfig, denn ihren Ärger über mangelnde soziale Entscheidungsmöglichkeit und Anerkennung gibt sie in einem ihrer Gedichte beredt Ausdruck:

„Es wird uns kaum noch oft der Schlüssel anvertraut,

Die Küche, Heerd und Tisch und Keller zu verwalten,

wir müssen jederzeit genaue Rechnung halten

vor Erbsen, Linsen, Obst, Brod, Mehl, Holtz, Butter, Kraut

Die Kinder dürfen wir noch helfen auferziehen

mehr weißheit und mehr witz ist weibern nicht verliehen...“

Magdalena Sibylla lebte aber nicht nur innerhalb ihres Hauses, sondern hatte wohl auch wache Augen und Ohren für das, was draußen vor ging. Die Zeiten waren keineswegs geruhsam oder beschaulich, sondern eher hart und grausam. Kriege und Flüchtlingselend rührten sie zu folgenden Versen an:

„Wie wird die Luft erfüllt mit Klage, Weh und Ach

Wann halbe Menschen noch Menschen noch den Tod um den Tod um Rettung flehn.

Der röchelt, jener stirbt, der schreyt und dem wird schwach,

und tausend kann man sonst verzweifelnd ringen sehen...

Der meiste Jammer trifft gemeiniglich die Mütter.

Trägt hie und da noch eins auch sein Verhängnis still:

Ists Rahel doch, die sich nicht trösten lassen will...

als ob der Mensch kein Mensch, ein Vieh zum Schlachten wär!"

Hier nimmt Magdalena Sibylla Bezug auf die biblische Stammutter Rahel, die nach Jeremia 31,15 um ihre vertriebenen Kinder weint bzw. nach dem Neuen Testament über den Tod der Kinder von Bethlehem (Matthäus 2,18), und sieht die militärischen „Erfolge" ganz und gar nicht als große Siege, sondern nur aus der Sicht der Frauen, der Mütter und nimmt kein ideologisches Blatt vor den Mund, wie grausam jeder Krieg (bis heute) ist!

Zudem litt sie von Kindheit an oft unter Kopfweh, auch Magenkrämpfe machten ihr zu schaffen. Diese beständigen Schmerzen, von denen sie berichtet, sind gewiss auch seelisch bedingt; als ein körperlicher Protest gegen die Tatsache, als begabte und interessierte Frau von allen geistigen Betätigungen im öffentlichen Bereich ausgeschlossen zu sein, wenn sie nicht bewusst gegen diese

Grenzen verstoßen wollte. wollte. Dafür spricht auch, spricht auch, dass Magdalena Sibylla es als eine Art Selbsttherapie ansah, Gedichte zu schreiben und im Familienkreis vorzutragen, bzw. die geistlichen Gedichte auch nach bekannten Choralmelodien zu singen. Ihre Schmerzen wurden dadurch nach ihren eigenen Worten gelindert. Auch ist es nicht rein zufällig, dass sie durch den Arzt Daniel Wilhelm Triller von ihren Schmerzen fast vollständig geheilt wurde, weil dieser eben nicht nur seine ärztliche Kunst anwandte, sondern sie als eine geistig rege Frau ernst nahm. Er bewog sie dazu, ihre Gedichte veröffentlichen zu lassen, was dann auch auf großen Beifall stieß.

Dass Magdalena Sibylla unter den Einschränkungen ihrer weiblichen bürgerlichen Rolle litt, zeigen folgende spöttischen, fast „knallharten" Verse:

„Die Ehre bleibt voraus dem männlichen Geschlecht:

das hat gemeiniglich die Kunst allein gegessen

von weibern ist diß schon verwegen und vermessen

das ist der Männer Looß und angemaßtes Recht

Bey uns ist der Verstand im Mutterleib erfrohren

wir sein zu nichts als nur zu ihrem dienst gebohren..."

Vergessen wir nicht: das 18.Jahrhundert war noch ein Zeitalter der angeborenen Ungleichheit: weder konnte ein

Bürger den gesellschaftlichen Ort eines Ort eines Adligen einnehmen, also etwa über Leibeigene verfügen, ja nicht einmal vor Gericht waren die Menschen gleich - noch konnte eine bürgerliche Frau tun und lassen, was eine adlige Frau tat und ließ: selbst für die standesgemäße Kleidung gab es Vorschriften! Dazu waren für Frauen wie Magdalena Sibylla die bürgerlichen Tugend von „Fleiß, Sparsamkeit und Gehorsam" richtungweisend. Eine adlige Frau hatte dagegen zu repräsentieren und bei den üppigen Festen des Rokokozeitalters stets eine gute Figur zu machen. Der Herzog von Württemberg, Karl Alexander, liebte die rauschenden Feste und wollte, wie jeder Fürst im Europa dieser Epoche, ein bisschen noch Sonnenkönig spielen - Geld sollte unwichtig sein, nur die äußere Pracht war wichtig: so soll er in seinem Schloss Ludwigsburg einmal mitten im Sommer eine Schlittenpartie auf Salz veranstaltet haben. Verständlich, dass die bürgerlichen Kreise des Landes, die seit dem 16.Jahrhundert auch zunehmend auf ihre Rechte pochten, hier keinerlei Verständnis für dieses Luxusleben hatten!

Es wäre nun zu einseitig, Leben und Werk von Magdalena Sibylla Rieger nur unter dem Blickpunkt ihrer Rolle als eingeschränkte bürgerliche Frau im Herzogtum Württemberg des 18. Jahrhunderts zu sehen - immerhin förderte ihr Vater sie nach Kräften und auch ihr Ehemann schätzte und unterstützte ihre Dichtung. Wer sich schriftlich und öffentlich ausdrücken ausdrücken kann über die über die eigene, schlimme Lage, ist ja vielleicht schon auf dem Weg zur zumindest inneren Freiheit; und vergessen wir nicht, dass Frauen wie Magdalena Sibylla Rieger stets Mägde und Knechte „fürs Grobe“ hatten. Von deren Gefühlen ist allerdings nicht die Rede.

Was für geistliche Lieder dichtete sie nun? Da waren zum einen die siebenundsechzig „andächtigen Sonntagsübungen“ für jeden Sonn- und Feiertag des Kirchenjahres nach den Evangeliumslesungen dieses Tages. In diesen Liedern (nach bekannten Choralmelodien) kommt ihre tiefe Verbundenheit mit Gott und Christus in schwungvoller und ungekünstelter Sprache zum Ausdruck. So das bereits erwähnte Gesangbuchlied:

„Meine Seele

in der Höhle

suchet dich im dunkeln Licht;

Jesu, eile

und erteile

mir dein tröstlich Angesicht.

Auf mein Flehen

laß dich sehen

und verbirg dich länger nicht.

Ach, von Herzen
und mit Schmerzen
such ich Dich, mein Trost und Heil!
Wie so lange
machst du bange
meiner Seele! komm in Eil,
laß dich nieder,
komme wieder
meines Herzens bestes Theil.

Führe, leite,
vollbereite
mich, wie du mich haben willst;
gib mir Klarheit,
Geist und Wahrheit
daß ich gleich sei deinem Bild;
daß man merke,
meine Stärke
sei in dir
und du mein Schild.“

Nach dem Evangelium des Evangelium des 22. 22. Sonntags nach dem Dreieinigkeitsfest, dem Gleichnis vom unbarmherzigen Gläubiger, der selbst nicht vergeben konnte, dichtete sie folgende Verse, die auf die Melodie des Liedes „Jesu, meine Freude“ zu singen sind:

„Sollte Recht ergehen,
Herr, wer kann bestehen
wann du für (=vors) Gericht
deine Magd willst ziehen?
Wohin soll sie fliehen?
Ach, Herr strafe nicht!
Trag Gedult, vergiß der Schuld,
lasse mich Vergebung finden
meiner schweren Sünden...

Laß mich das empfinden
und mich recht entzünden
diese Liebes-Glut!
Schlagt ihr Gottesflammen
auch in mir zusammen,
daß ich für dies Gut
eben so auch lichterloh

in der Gegenliebe brenne brenne

und mein Heil recht kenne.“

Für Magdalena Sibylla ist der biblische Text jeweils der Auslöser für ihre ganz persönlichen Empfindungen Gott gegenüber; nicht der Text selbst oder die Kirche steht im Mittelpunkt, sondern fast immer ist es sie selbst - wie hier nicht „dein Knecht“, sondern präzise „deine Magd“ ! - die spricht und sich selbst, ihre Gefühle vor Gott und zu Gott hin entfaltet. Damit steht sie ganz im Geist ihrer Zeit, dem Zeitalter der Empfindsamkeit und religiös gesehen, dem Zeitalter des Pietismus.

Gewiss sollen ihre Lieder und Gedichte heute nicht überschätzt werden, ihr Stil ist teilweise auch trocken und an bestimmte Regeln gebunden. Auch unfreiwillige Komik kommt bei ihr vor: so formuliert sie einmal in Bezug auf das Sterben: „wenn die mürbe Hütte (= Körper) kracht“!

Trotzdem konnte sie durch das Schreiben von Gedichten ihre Persönlichkeit, ihre Leiden und Klagen, aber auch ihre Gottesliebe und religiöse Sehnsucht deutlich ausdrücken und öffentlich machen. Gerade auch ihre sogenannten Gelegenheitsgedichte sind interessant, um zu verstehen, wie eine Frau im 18. Jahrhundert sich entfalten konnte. So schrieb sie ein längeres Gedicht auf ihren eigenen 36. Geburtstag, besang die Kaiserin Maria Theresia und andere

Fürstinnen und schrieb ihrem schrieb ihrem Sohn ein Sohn ein langes Lehrgedicht, als er 1743 auf die Universität Tübingen ging; darin sagt sie:

„Auf dann! mein Hertzens-Sohn, laß deiner Mutter Lehre

Dir tieff zu Hertzen gehn, die es so brünstig meint;

bleib Gott zum Eigenthum, wie du längst bist, verpflichtet,

so hab ich nicht umsonst geschrieben und gedichtet."

Solche Lehrgedichte schrieb man gerne in der damaligen Zeit der Aufklärung, hoffend, dass Belehrung zur Einsicht und gewünschten Veränderung führe; Verstand und Vernunft galten viel - auch Magdalena Sibylla ist darin eine Tochter ihrer Zeit, sodass sie auch gerne nachdenkend schreibt:

„Bin ich oder bin ich nicht? Dieses möcht ich recht ergründen,

um dadurch zu meinem Heyl, einen festen Schluß zu finden,

bin ich Anfangs ohne Sünden und zu Gottes Bild gemacht,

bin ich dann, und zu was bin ich hierher in die Welt gebracht?"

Anerkennung für ihre Dichtung fand Magdalena Sibylla doppelt: einmal wurde sie am 28. Mai 1743 zur vom Kaiser gekrönten Dichterin, zur poeta laureata, geweiht und zum andere am 1. Juni desselben Jahres in eine der damals gängigen Sprachgesellschaften, in die Teutsche Gesellschaft zu Göttingen, aufgenommen aufgenommen - was eine was eine weitere Ehre bedeutete, da nicht viele Frauen Zugang zu diesen Gesellschaften bekamen, noch dazu, wenn sie nicht adlig, sondern bürgerlich waren.

Wie nahm die Dichterin diese Ehre auf? Zum einen betonte sie immer wieder, alles nur zu Ehre Gottes zu dichten - was aber nicht bedeutet, sie sei deshalb seelisch eingeknickt oder nur eine „geniale Muse" eines bedeutenden Mannes gar, wie die literarisch gebildeten Frauen ein bis zwei Generationen später. Nein, in einem Antwortgedicht auf die vielen Lobgedichte, die sie zur Dichterkrönung erhalten hatte, meint sie über den Lorbeerkranz:

„Er dient mir doch zur ganz besondern Ehre,

und wer mir ihn nicht gönnt,

muß doch zufrieden sein;

ich trag ihn dann beherzt, frey, offen, unverhohlen,

man hat ihn mir geschenckt,

ich hab ihn nicht gestohlen."

Ihre Lobredner kommen aus ganz verschiedenen Kreisen, so lobt der herzogliche Hofpoet Fleischmann „was ein Weib in Stuttgart kann", oder eine Frau aus Esslingen schreibt ihr:

„weil du zeigst vor mich und jede die vom weiblichen Geschlecht daß noch manche unsre unsre Würde mit gelehrtem gelehrtem Vers verfecht."

Magdalena Sibyllas Gedichte zeigen sowohl eine tiefe Demut vor Gott, eine gefühlsstarke Beziehung zu ihm, aber gleichzeitig auch Selbstbewusstsein, Klugheit und einen kritischen Blick auf die soziale Wirklichkeit. Wie bei Maria in der Bibel (Lukas 1, 46-56) geht hier beides zusammen: die Demut vor Gott, aber aus der Bindung an ihn auch das Selbstbewusstsein, dass „alle Kindeskinder sie selig preisen werden" und der Blick für die politischen Zusammenhänge. So hat Magdalena Sibylla Rieger aus ihrer Vertiefung in Christus und den Umgang mit Gott im Gebet die Energie geschöpft, ihr Leid - den Tod vier ihrer Kinder - zu ertragen; obwohl damals Säuglinge und kleine Kinder oft starben, war es gewiss für eine Mutter schrecklich, ein Kind zu verlieren. Zeit für eine müßige „Trauerarbeit" blieb ihr wohl nicht, da sie auch den Alltag zu bewältigen hatte: Haushaltsmanagement, Schwangerschaften, Wochenbetten und Krankheiten der Kinder („Blattern, Gichter, rothe Ruhr, Fieber"). Dabei verlor sie den Blick nicht für die politische Wirklichkeit und äußerte sich öffentlich.

Magdalena Sibylla ist deshalb keine Heldin oder ideale Einzelgestalt, auch sie war eingebunden in die Begrenztheiten ihrer Zeit: höhere Schulbildung oder gar Universitätsstudium waren für Frauen damals höchstens ganz am Horizont sichtbar (bei der Gründung der

Universität Göttingen gab es Göttingen gab es 1747 1747 Ansätze zur Frauenbildung).

Nach dem Tod ihres Mannes 1758 bekam ihr Leben einen Bruch: sie hörte anscheinend völlig auf, Gedichte zu schreiben. Interessant ist aber, dass sie keineswegs literarisch verstummte: sie führte eine ausgiebige Korrespondenz mit Theologen wie dem Prälaten Friedrich Christoph Oetinger und dem Dekan Philipp David Burk. Darin geht es hauptsächlich um ein religiöses Ringen, ihre Gewissenskämpfe und ihren Glauben an Christus, den sie auch denkerisch durchdringen wollte. Wahrscheinlich wäre sie zwei Jahrhunderte später eine gute Theologin geworden! So schreibt ihr der berühmte Prälat Oetinger Briefe wie an einen Fachkollegen: er zitiert andere Theologen, gebraucht sogar griechisch geschriebene Fachbegriffe und diskutiert die theologischen Bücher mit ihr, die sie ihm geschickt hatte. Dabei kommen auch persönliche Gefühle nicht zu kurz: so schreibt Oetinger am 7. Dezember 1764 an Magdalena Sibylla: „Sie sagen, ich sei Ihnen noch eine Erwiderung schuldig, wie ich über meiner Tochter Tod so übermäßig gejammert. Allein was soll ich nun erst davon schreiben? Es fühlt niemand, was ich gefühlt und weiß niemand, was ich für Lectionen vom Herrn habe müssen einnehmen... Meine Tochter dauert mich, so oft ich an das Schicksal denke, das sie drei Jahr ausgestanden". Wohl in Hinblick auf Magdalena Sibyllas Sorgen um Sohn und künftige Schwiegertochter Schwiegertochter meint meint Oetinger: „Wenn die neue Braut sich merken läßt, seine zu viel und zu wenig Sachen zu tadeln, so hat sie eine böse Ehe; wenn sie sie aber garnicht sieht, so ist sie sehr klug....Studenten werden erst klug durch Frauen."

Wie ihre langen Witwenjahre äußerlich aussahen, können wir nicht mehr feststellen. Lebte sie bei einem ihrer beiden Kinder, Immanuel und Maria Dorothea? Immerhin hatte sie noch erleben könne, dass beide heirateten und Kinder bekamen - war sie als Großmutter weiterhin mit den Haushaltssorgen beschäftigt? Trieben sie die politischen Veränderungen um? Nahm sie noch teil am Schicksal ihres Landsmannes Friedrich Schiller, als er mit seinen „Räubern" 1782 die Gemüter bewegte? Oder lag dies ihrem frommen Wesen zu fern? Wir wissen es nicht. Ihr Leben endete am 31. Dezember 1786 - drei Jahre, bevor die Französische Revolution so vieles im alten Europa aufwühlte und neues hervorbrachte.

Ihr Wahlspruch war „Mit stillem Wesen" (nach ihren Anfangsbuchstaben Magdalena Sibylla Weissensee). Darin lag auch die unauflösbare Tragik ihres Frauenlebens: das „stille Wesen" beschreibt die geforderte bürgerliche Frauenrolle, ein Ideal, gegen das sich bei ihr zu Recht Körper und Geist sträubten. Aber es ist gerade nicht „still und unscheinbar", Gedichte zu schreiben und darin sehr präzise die eigene Meinung Meinung und Empfindung Empfindung auszudrücken und sie auch zu veröffentlichen.

Magdalena Sibylla Rieger wurde nicht so schnell vergessen - ihr Bild wurde nur etwas dem neuen Zeitgeist angepasst, und dies bedeutete nicht unbedingt ein Mehr an Entfaltung der Persönlichkeit, sondern eher eine Einengung ins Korsett der „züchtigen Frau“. Ihre Dichtung wurde nicht mehr gekrönt und bestaunt, sondern die Erzähler ihrer Lebensgeschichte müssen sich dafür entschuldigen bei der Leserschaft: „Wohl wissen wir, daß sich gegen schriftstellernde Frauen manches Aber erhebt; allein wir wissen auch ebenso gut, daß es nicht immer wohl gethan ist, wenn man gegen die ‘Blaustrümpfe’ mit einer hartherzigen Kritik auftritt.“ Neben ihrer Dichtkunst muß jetzt ihre „rührende Bescheidenheit“ gerühmt werden, und obwohl Magdalena Sibylla in ihrem Briefwechsel mit den Theologen seitenlang ihr Ringen nach Wahrheit und ihr oft verzweifeltes Sehnen nach der Gnade mit genauer Selbstbeobachtung schildert, ist sie am Ende für einen ihrer Biographen ein „kindlich-einfältige Seele“. Gegen Ende des 19. Jahrhunderts heißt es dann von ihr, daß sie zwar sehr sorgfältig erzogen und wie ein Sohn unterrichtet wurde, „ohne daß sie aber je die widerwärtigen Eigenschaften einer gelehrten Frau angenommen hätte“! Ach ja, die Französische Revolution hatte inzwischen Freiheit, Gleichheit und Brüderlichkeit in viele Hirne und Herzen gepflanzt, bald wurden wurden Leibeigenschaft und Leibeigenschaft und Sklaverei abgeschafft, aber für die Frauen hatte dies alles nicht unbedingt eine Verbesserung ihrer Lage und eine Vermenschlichung ihrer Rolle als Frau zur Folge. Die Frau wurde eher in die Rolle eines Naturwesens gedrängt, in der Nähe des Kindes und damit des Minderen angesiedelt - wie wir sahen, etwas Rührendes, Einfältiges, was keineswegs mit dem Leben und Wirken der Magdalena Sibylla Rieger übereinstimmt, wie es den Quellen zu entnehmen ist.

Eine besondere Brisanz bekommt ihr Leben allerdings noch einmal im 20. Jahrhundert dadurch, daß sie in Lion Feuchtwangers Drama „Jud Süß“ von 1918 und im gleichnamigen Roman vorkommt.

Magdalena Sibylla heißt hier Magdalen Sibylle und gehört zu einem Kreis von Erweckten, also von pietistisch Frommen in Hirsau. Joseph Süß Oppenheimer sah sie: „Sie war schön, sehr anders als die Mädchen im Lande, auf dem bräunlich kühlen Gesicht standen sonderbare, nicht alltäglich schwäbische Gedanken“. Er richtet es so ein, daß sie von seinem Herrn, dem Herzog Karl Alexander von Württemberg, vergewaltigt und als seine Mätresse ehrenvoll und kostspielig gehalten wird. Im Hintergrund steht allerdings die Liebe zwischen Magdalen und Süß, wobei deren Gottesliebe von Süß heruntergespielt wird: „Wer gewachsen ist wie Sie, rief er, wer Augen hat, Demoiselle, und Ihr Haar, der hat Gott hat Gott nicht nötig.“ Als nötig.“ Als Süß seinem schrecklichen Ende am Galgen entgegengeht, gebiert Magdalen Sibylle, die inzwischen den Expeditionsrat Rieger geheiratet hat, ihr erstes Kind. Ihre Dichtungen kommen bei Feuchtwanger nicht gut weg: „Und jetzt werde sie den Brüdern und frommen Schwestern ihre Carmina vorlesen. Was sie dann las, waren unbeschwingte, triste, banale, kahl und schal moralisierende Reimereien“.

Soweit unsre Dichterin im Roman bei Lion Feuchtwanger . Es ist dichterische Freiheit, historische Personen zu verändern - ich denke, jeder Schriftsteller ist darin auch wieder ein Kind seiner Zeit und unbewusst dem Frauenbild seiner Epoche verbunden. Eine eigenständig empfundene, tiefe Religiosität bei Frauen, die sich nicht mit nicht ausgelebter Sexualität erklären lässt, verbunden mit geistiger Produktion, die auch den weiblichen Alltag kommentiert - verständlich, dass dies nicht unbedingt mit dem Frauenideal des beginnenden 20. Jahrhunderts zusammenpasste - wobei natürlich sich die Frage aufdrängt: hat sich dieses Ideal am Ende des 20. Jahrhunderts so gewaltig verändert? Wird eine Frau wie Magdalena Sibylla Rieger heute anders gesehen? Oder müsste sie, lebte sie unter uns, immer noch sarkastisch bemerken: „Uns ist der Verstand im Mutterleib erfroren ?“!

Henriette Louise von Hayn (1724 – 1782)

(Bild aus dem Archiv der Brüderunität Herrnhut)

Wer kennt nicht das geistliche Kinderlied „Weil ich Jesu Schäflein bin?“ Seit gut 200 Jahren wird es immer noch von Eltern und Kindern gesungen - von Pfarrern als kitschig verdammt, aus manchen Gesangbüchern verschwunden, aber trotzdem nicht ganz totzukriegen! Offensichtlich haben manche der Liederdichterinnen einfach etwas in der menschlichen Seele mit ihren Liedern getroffen, was Bedürfnissen nach Geborgenheit und nach Gottesnähe entspricht und in den unausbleiblichen schweren Zeiten jedes Menschenlebens sehr wichtig und hilfreich sein kann. Wer war die Frau, die diesen Ton der Seele so gut getroffen hat?

Henriette Louise von Hayn wurde am 22. Mai 1724 in Idstein geboren; ihr Vater war Georg Heinrich von Hayn, Fürstlich Nassauischer Oberjägermeister, ihre Mutter Ernestine von Lassberg, deren Familie einst aus Österreich wegen ihres evangelischen Glaubens vertrieben worden und nach Öttingen in Schwaben emigriert war.
Über Henriette Louises Mädchenjahre wissen wir nichts genaueres; es ist anzunehmen, dass sie eine standesgemäße Erziehung als adliges Fräulein bekam: vielleicht, wie manche berichten, hatte sie auch Latein und Griechisch gelernt - sie soll das Neue Testament in der Originalsprache Griechisch gelesen haben; das war zwar nicht das Normale

für junge Mädchen des des Rokokozeitalters, aber Rokokozeitalters, aber auch nicht ganz ausgeschlossen.

Glücklicherweise hat Henriette Louise ihren Lebenslauf verfasst, wie es in der Herrnhuter Brüdergemeine bis heute üblich ist. Darin berichtet sie über ihre Kinderzeit: „Ich hatte als kleines Kind oft so zärtliche Empfindungen von der Liebe Jesu, daß ich bisweilen in ein Winkelchen ging und weinte, und niemand wußte, warum... Bei Gelegenheit der ersten Gebetchen, die ich lernte, bekam ich so lebendige Eindrücke vom Leiden des Heilandes, daß sie mir durch alle Zeiten geblieben sind. Einmal kam mir ein Herrnhutisches Lehrbüchlein für die Kinder in die Hände. Das war recht nach meinem Geschmack; ich küßte das Büchlein oft, und trug es Tag und Nacht bei mir, aus Furcht es möchte mir weggenommen werden. Als ich größer wurde, ging mein Dichten und Trachten immer dahin, mich ein wenig wegzustehlen, um an Jesum zu denken und zu Ihm zu beten. Konnte ich am Tage nicht dazu gelangen, so stand ich in der Nacht auf, wenn alles schlief und verbrachte manche Stunde auf den Knien; denn mein Herz brannte recht in den Liebe Jesu. Wenn wir spazieren gingen, trug ichs manchmal darauf an, ein wenig zurück zu bleiben, warf mich geschwind auf den Boden, als wollte ich Blumen suchen und küßte die Erde, weil ich mir ganz kindisch vorstellte, das sei das Plätzchen, wo mein liebster Jesus blutigen Schweiß geschwitzt habe.“

Schon in der Kindheit zeigen Kindheit zeigen sich die sich die Eigenheiten ihres Charakters: eine starke persönliche Religiosität und auch ihr ausgeprägter Wille, zu tun, was sie für richtig findet.

Für ein junges Mädchen der „oberen Stände“ damals blieb nicht viel Raum, eigene religiöse Vorstellungen zu entwickeln und auch noch zu praktizieren: da war vielmehr der Hafen der Ehe als unverrückbares Ziel schon vorgezeichnet. Vergessen wir nicht, dass für evangelische Mädchen auch die Flucht ins Kloster abgeschafft worden war - also hieß es auch für die junge Henriette Louise nach der Konfirmation, „in die Gesellschaft eingeführt zu werden“. Das bedeutete, sich für die verschiedenen Bälle, Feste, Soupers und Diners ordentlich hübsch zu machen, mit Sorgfalt und Geschick sich „a la mode“ zu kleiden, was bei den üblichen Krinolinen und Perücken, Schönheitspflästerchen und Corsagen gar nicht so einfach war, selbst wenn genügend Personal zur Verfügung stand. Für Henriette Louise waren diese gesellschaftlichen Ereignisse und Feste aber leider überhaupt nicht attraktiv - vielleicht war ihr der modische Aufwand einfach auch zu unbequem! (Oder die jungen Adligen hatten keine ähnliche „Wellenlänge“ wie Henriette, wer weiß.)

Mit der ihr eigenen Sicherheit entdeckte sie den Ort im damaligen Deutschland, der ihren Bedürfnissen nach religiöser Hingabe und Eigenständigkeit entsprechen konnte: die Gemeinschaft Gemeinschaft des Grafen Grafen Zinzendorf, die sich von Herrnhut in der Oberlausitz aus als eigene und neuartige Form einer evangelischen Wohn- und Gemeinschaftssiedlung entwickelt hatte. Waren auch die Klöster seit der Reformation abgeschafft, so blieb doch stets eine Sehnsucht, neben der gängigen Großfamilie, neben Grundherrschaft und Leibeigenschaft, neben den Handwerksfamilien der Zünfte noch eine religiöse Lebensform zu entwickeln, zu der die gehören konnten, die „mit Ernst Christ sein wollten", wie es schon Martin Luther als Vision sich ausgemalt hatte. Durch verschiedene glückliche Umstände war nun seit 1727 in Herrnhut unter dem Grafen Nikolaus Ludwig von Zinzendorf eine solche Siedlung entstanden; eine Mischung aus den Leibeigenen und Untertanen des Grafen sowie aus mährischen Glaubensflüchtlingen, die zur alten Brüderunität gehörten, hatte unter dem Eindruck eines bewegenden Abendmahlsgottesdienstes aus allerhand Streitigkeiten zur gegenseitigen Achtung und Liebe gefunden, sodass in den folgenden Jahren und Jahrzehnten eine ganz neue Art des Zusammenlebens von Christen sich entwickelte. Zwar lebten die Frauen und Männer getrennt in verschiedenen Gemeinschaftshäusern, aber sie hatten stets die Möglichkeit, auch zu heiraten und in eigenen Häusern zu wohnen, sowie die Kinder in gemeinsame Kinderhäuser abzugeben. Untereinander waren die „Brüder" und „Schwestern", wie sie sich nannten, in vielfacher Weise verbunden: verbunden: in Gottesdiensten, Singstunden, Gebetswachen, seelsorgerlichen Kleingruppen (den „Banden"), speziellen Festen der einzelnen Gruppierungen. Um als echte Christenmenschen zu leben, hatten der Graf und die Gräfin, sowie alle Adligen der „Brüdergemeine", möglichst auf alle Attribute ihres Standes und der Herrschaft verzichtet. Zinzendorf hob die Leibeigenschaft für seine Untergebenen auf, es wurde bei allen auf die gleiche einfache und schlichte Kleidung geachtet, und etwa im liturgischen Ritus der Fußwaschung, auch der Gräfin Zinzendorf zugemutet, einer armen mährischen Magd die Füße zu waschen, was der Gräfin nicht leicht gefallen sein soll. Zudem entwickelte die Brüdergemeine eine enorme Anzahl von Ämtern - d.h. jede und jeder in Herrnhut (wie auch später in den anderen Niederlassungen) hatte eine Aufgabe und Verantwortung. Die männlichen Ämter hatten dabei jeweils eine weiblichen Entsprechung: der „Älteste" hatte eine „Ältestin" neben sich, es gab den „Diakon" und die „Diakonissa", usw.

Henriette Louise berichtet in ihrem Lebenslauf weiter: „Um diese Zeit kamen mir die Berliner Reden des Grafen Zinzendorf in die Hände, und gereichten mir zu großem Trost und Segen. Auch hörte ich viel reden von einem gewissen neuen Ort in der Wetterau, Herrnhaag genannt, welchen die Herrnhuter zu bauen anfingen, und fühlte eine unbeschreibliche Freude darüber. Wiewohl es die verächtlichsten Beschreibungen waren, die waren, die man mir von der Brüder-Gemeine machte: so glaubte ich doch immer das Gegenteil davon, und fühlte gar zu gut, daß dies mein Volk sei, mit dem ich leben und sterben wollte...“ Was sie sich vorgenommen hatte, setzte sie in die Tat um: gegen den Willen ihrer Eltern und gegen verschiedene Pfarrherren, Superintendenten und die adlige Ortsherrschaft erreichte sie es schließlich, dass sie 1746 in die Brüdergemeine in Hernhaag aufgenommen wurde und im Mädchenhaus die Erziehung der Kinder übernahm. Der Briefwechsel dieser Zeit zwischen ihrem Vater, den Herren der geistlichen und weltlichen Behörden sowie dem Grafen Zinzendorf liest sich recht interessant, zeigt die Verwirrung, die eine entlaufene und sehr eigensinnige Tochter verursachte. Er wirft außerdem ein Schlaglicht darauf, welche Stellung die Herrnhuter Brüdergemeine innerhalb der Kirche damals hatte: als Henriette Louise nach Herrnhaag geflohen war, wieder zurückgebracht wurde und schließlich doch dort bleiben konnte, unterließen es die evangelischen Pfarrer der Umgebung nicht, anlässlich dieses schlimmen Ereignisses in ihren Predigten von der Kanzel vor den Herrnhutern zu warnen. Der Graf Zinzendorf allerdings schreibt an Henriette Louises Vater: „Lassen Sie Ihre Tochter, die onedem ein bißchen melancholisch zu sein scheint, in ihrer Ruhe und Seligkeit...

ich finde, daß sie eine eine determinierte (= (= bestimmte) Person und in ihren Dingen solide ist".
Was hat Henriette Louise an der Lebens- und Frömmigkeitsform der Brüdergemeine in Herrnhaag speziell so angezogen?
Im Unterschied zu dem ernsten und nüchternen Leben im alten Herrnhut, das hauptsächlich von mährischen Handwerkern besiedelt worden war, schlug in der Siedlung Herrnhaag das Flair des Rokokozeitalters durch: hier lebten zum großen Teil Menschen aristokratischer Herkunft, die eine Atmosphäre der Heiterkeit mit sich brachten, des Künstlerischen und Festlichen. Zwar waren die Grundstrukturen der Brüdergemeine auch hier vorhanden: das festgefügte Gemeinschaftsleben, das gemeinsame Wohnen nach Ständen (sogenannten „Chören") getrennt, die Vielzahl der Ämter - aber es dominierte doch die festliche Stimmung als Ausdruck des Glaubens an den Erlöser Jesus Christus. Über das Jahr 1747 in Herrnhaag lässt sich sagen: „Man hört jetzt wieder von Kleiderluxus, von großen Krinolinen und Perücken, wobei sich Bürgerliche eher dem Adel anpassten als umgekehrt; und auch bei Zinzendorf und seiner Familie wird der Lebensstil etwas aristokratischer ... Täglich kam die Gemeine in ihrer Gesamtheit oder in Chören zusammen zu Gesang und Aussprache... Die Gemeine lebte in den immer neu entstehenden Liedern; dazu kam die Wirkung der Musik. Den Gemeindegesang,

immer auswendig, stimmte stimmte der Liturg (Leiter) (Leiter) an, die Gemeine fiel ein; zuweilen auch Wechselgesang zwischen Brüdern und Schwestern, Erwachsenen und Kindern, dazwischen Sologesang. Als Begleitung oder auch dazwischen selbständig Instrumentalmusik: Streicher, Holzbläser, Blech, die mit fürstlichen Hofkapellen konkurrieren konnten. Bei jeder festlichen Gelegenheit erfolgte in einem Liebesmahl (ein Zusammensein bei Tee und Gebäck) das Absingen einer neu dafür gedichteten und komponierten Kantate mit Chor, Rezitativen, Arien, Chorälen, nicht im Stil von Bach, ohne alles Virtuose, Konzertartige, sondern nach-bachisch, wobei der verstehbare Text im Vordergrund stand mit harmonischer musikalischer Untermalung.

Den stilvoll festlichen Charakter unterstrich die Kleidung. Die Chöre und Gruppen der Gemeine hoben sich im Saal mit ihren festen Sitzplätzen voneinander ab, bei besonderen Gelegenheiten auch durch eigene Kleidung. Der Aufwand an Textilien muss erheblich gewesen sein.

Von weiteren Künsten hatte die Malerei eine eigene Bedeutung. Von allen Brüdern und Schwestern, die eine herausgehobene Stellung hatten, wurden Portraits angefertigt, die heute noch in langer Reihe vorhanden sind. Im Schwesternhaus wurde Seidenstickerei und andere kunstvolle Handarbeit gepflegt. Nicht unerwähnt bleiben darf die Kunsttischlerei, die zur Verfeinerung des Wohnstils

beitrug. Die Möbel des des Abraham Roentgen sind Roentgen sind heute fast unbezahlbar!
Dieses ganze von künstlerischer Kultur durchdrungene Milieu bildete die Umwelt für das Leben der Gemeine, die in ihrer Gliederung selbst ein durchgeformtes Kunstwerk eigener Art darstellte. Und dieses fand seine Selbstdarstellung in den Festen." Auch Henriette Louise von Hayn war von dieser Kreativität angeregt und produzierte eine große Anzahl von Liedern, Gedichten, Kantaten-Texten, Gelegenheitsgedichten und Gedichte auf Verstorbene. Von ihren Liedern sind einige auch heute noch im Gesangbuch der Brüdergemeine im Gebrauch! Im Evangelischen Gesangbuch existiert nur ihr Lied „Weil ich Jesu Schäflein bin" in einigen Regionalteilen.
Zinzendorf selbst war natürlich der absolute Meister im Dichten neuer Lieder, oft erfand er sie auch spontan während der Singstunden. Aber er regte ebenso andere zum Dichten geistlicher Lieder an, ja er veranstaltete richtige Dichter-Wettbewerbe und sagte etwa 1747 zu den ledigen Schwestern: „Meine Schwestern, es ist sehr jungfernhaltig, wenn man Lieder macht. Das Jungfernchor sollte uns die wichtigsten, meisten und schönsten Lieder in unsere Anhänge liefern, Der tägliche Umgang mit Jesus, dem Schmerzensmann, die Ideen, meine Schwestern, ihn aus aller unsrer Macht zu umfangen Tag und Nacht, die sollten

euch recht schöne und und wichtige Gedanken Gedanken machen, Erinnerungen, heilige Lieder dichten zu lernen“.

Ich könnte mir denken, dass der stilvolle Schwung des Lebens in der Wetterau von enormer Anziehungskraft auf ein religiös begabtes Mädchen wie Henriette Louise gewesen ist. Vielleicht hat sie auch instinktiv gespürt, dass in diesen neuen Lebens- und Glaubensformen mehr Chancen für ihre Begabungen lagen, als es die adlige Gesellschaft für adlige Töchter vorgesehen hatte. Wie erwähnt, gab es in den Ansiedlungen der Brüdergemeine gleichberechtigte Ämter für Männer und Frauen, und dies in einer Zeit, in der noch nicht einmal Lehrerinnen oder Kindergärtnerinnen möglich waren, geschweige denn irgendeine kirchliche Funktion in der evangelischen Kirche (allerdings: die letzten Reste klösterlichen Frauenlebens existierten noch Jahrhunderte nach der Reformation: die Patentante der Liederdichterin Ämilie Juliane von Schwarzburg-Rudolstadt war eine Canonissin des Stiftes Quedlinburg, hatte also eine bestimmte Funktion innerhalb dieses evangelischen Damenstiftes)

Henriette Louise berichtet über ihre neuen Aufgaben, Ämter und Funktionen: „1750 verlor das Mädchenhaus die Justine von Schweinitz, die dieser Anstalt einige Jahre vorgestanden hatte und ich kam an ihre Stelle, nachdem ich schon 1748 zur Acoluthie angenommen und zu einer

Diaconisse der Brüder- Brüder-Kirche eingesegnet eingesegnet worden war". Diese Ämter waren eine Art Vorstufe zum geistlichen Dienst: Acoluthie heißt auf griechisch „Nachfolge", „Diaconisse" ist die weibliche Form des „Diakons", was Diener bzw. Dienerin im neutestamentlichen Sinn bedeutet. (Die im evangelischen Raum bekannte „Diakonisse" ist erst eine Erfindung des 19.Jahrhunderts).

Dass Henriette Louise ihre Zeit in Herrnhaag als eine wunderbare Gnadenzeit empfand, soll uns nicht darüber hinwegtäuschen, dass sie zu kämpfen hatte „mit tausend Sorgen und Kummer, den das mir anvertraute Amt bei der Menge Kinder mit sich brachte... So viel weiß ich nur noch, was das für ein Leiden war, da so viele Kinder elend wurden um des großen Zuges willen, den wir im Hause hatten." Der Tod gehörte im 18.Jahrhundert ja noch sehr viel stärker zum Leben als heute; die starke Sehnsucht der Brüdergemeine nach der „obern gemeine", nach der endgültigen Vereinigung mit Jesus, dem siegreichen Lamm, bewirkte auch eine andere Einstellung zum Sterben und zum Tod. Eindrucksvolles Zeugnis ist noch heute der Friedhof in Herrnhut, der „Gottesacker", wo jedes den gleichen schlichten Grabstein hat und die Toten als Samen in der Erde auf die Auferweckung warten. (Natürlich sind auch trotz der Gleichheit sozialer Stellungen in Herrnhut einige gleicher als die andern: die Grabplatten der Familie

Zinzendorf überragen überragen selbstverständlich selbstverständlich alle anderen Grabplatten an Höhe und Breite!) Auch die Osterfeier in der Frühe des Ostermorgens auf dem Friedhof ist eine Schöpfung Herrnhuter Frömmigkeit und hat sich bis in unsere Zeit erhalten bzw. auch andernorts verbreitet als ein tiefsinniger Gottesdienst, der handgreiflich die Botschaft vom Auferstandenen mit der Realität des Todes verbindet.

Durch verschiedene Ursachen wurde die „festliche Siedlung“ Herrnhaag jäh aufgelöst - die stilvolle Begeisterung war „umgekippt in unhaltbare Zustände, dazu kam noch ein politischer Wechsel in der Herrschaft Büdingen, zu der Herrnhaag gehörte. Der neue Regent hatte wenig Verständnis für fromme Exzentrik und auch Zinzendorf selbst erkannte mit Schrecken, welche Gefahren in zu starker Betonung der Gefühlsseligkeit liegen konnten und zog mit einem energischen Brief gewissermaßen die Notbremse. Die Bewohner Herrnhaags, darunter Henriette Louise, siedelten 1750 nach Großhennersdorf und 1751 nach Herrnhut über, wo Henriette Louise die Leitung des Mädchenhauses übernahm und 1766 Pflegerin der ledigen Schwestern wurde. Dieses Leitungsamt bekleidete sie bis zu ihrem Tod 1782; durch ihre persönliche Eigenart, Begabung und Frömmigkeit stiftete sie viel Gutes.

Ihre innere Entwicklung, die Entwicklung, die sie in sie in ihrem Lebenslauf schildert, verlief keineswegs so harmonisch oder geradlinig nur nach oben - sie kennt auch durchaus Zeiten tiefer Verzweiflung und Gottverlassenheit, um dann umso bewegender die Beglückung durch Jesu Nähe und das innerliche Wirken des Heiligen Geistes zu erfahren.

Wie verlief das äußerliche Leben der ledigen Schwestern in Herrnhut?

Alles war genau geregelt, ohne dass es zwanghaft war. So weisen die „Haus-Ordnungen für das Chor der ledigen Schwestern in Herrnhut“ von 1779 eine Vielzahl von Regelungen des Zusammenlebens auf, samt Gesundheitsratschlägen, dem Hinweis auf gleiche „simple“ Kleidung (wichtig wegen der Standesunterschiede der Schwestern!) und der Vorschrift: „Bis um 10 Uhr Vormittags sollen alle Betten gemacht seyn“.

Jede Gruppe der Brüdergemeine, jedes „Chor“, hatte ein eigenes Jahresfest - neben den Kirchenjahrfesten, besonderen Geburtstagen der Zinzendorffamilie u.ä. Die ledigen Schwestern feierten sozusagen sich selbst an jedem 4.Mai, in Erinnerung an den 4.Mai 1730, als 18 von ihnen sich zu einem besonderen Bund zusammenschlossen, um „dem Bräutigam ihrer Seelen sich ohne Vorbehalt zu ergeben, der Leitung des Heiligen Geistes sich ganz zu überlassen“; zu diesem diesem Anlass gibt es von es von der Hand Henriette Louises einen Kantatentext.

Solche Kantaten waren eine übliche Form der Dichtung in der Brüdergemeine - obwohl vieles aus der kirchlichen Tradition übernommen wurde, schufen die Brüder und Schwestern dieser Gemeinschaft doch unendlich vieles neu, so auch Henriette Louise. Viele ihrer Gedichte wurden schon zu ihren Lebzeiten gedruckt, viele handgeschriebene Verse ruhen aber noch bis heute im Archiv in Herrnhut. So findet sich dort ein handschriftliches Büchlein unter dem Titel: „Grab-Schriften, welche die Louisel allen denen gemacht, die bey ihrer Zeit im Mädgen-Haus von Anno 1751 an, bis Anno 1766 heimgefahren sind zur obern Gemeine“. Dort heißt es etwa: „Johanna Salome Kampmannin, geb. in Herrnhut 18.April 1755, ging heim 27.Februar Anno 1757.

„Lustspiel der Englein! ein Kind in der Wiege
ruft nach dem Freunde als ob es Ihn seh’
will nicht mehr länger im Bettgen da liegen,
sagt seiner Wärtrin gar freundich adieu
lacht im Erbleichen
sind das nicht Zeichen
wie sich Sein Herz
und ein Kindlein versteh?“

Auf das neue Jahr 1772 1772 dichtete sie in einem in einem Lied für ihr Chor der ledigen Schwestern:

„Doch ihr sein von Gott gelehrt, o ihr Gnadentöchter,
aber hört doch unbeschwert einen Ruf der Wächter -
Einen leisen Ruf, der heißt: Braut des Lamms, bereite
dich nach Leib und Seel und Geist zu der Hochzeitsfreude.
Eil und laß in Seinem Schooß dich von allen Sachen,
und auch von dir selbst ganz los und frei und ledig machen.
Hüte dich vor Trockenheit, halt dich nah zur Quelle,
Seine Blutgerechtigkeit macht die Kleider helle“.

Die Grund-Bilder der Bibel, hier das Bild von Jesus, dem Lamm Gottes, und den Gläubigen, die ihre Kleider in seinem Blut rein waschen, sind den Menschen der Brüdergemeine selbstverständlich vertraut; auch Henriette Louise hat sich die biblischen Gedanken und Bilder von klein auf zu eigen gemacht und in der Brüdergemeine gewiss noch vertieft. Dazu dienten wohl auch die täglichen Losungen - ausgesuchte, tatsächlich ausgeloste Bibelworte für jeden Tag, die allen Bewohnern Herrnhuts und der anderen Siedlungen bekannt waren (und im Übrigen auch heute noch auf der ganzen Welt von vielen Menschen täglich gelesen werden). Aber die Frömmigkeit war nicht quälerisch und depressiv, sondern im Gegenteil hell und hoffnungsvoll, gab jedem, ob Mann oder Frau, das Gefühl, zwar vor dem Angesicht Angesicht Gottes ein ein sündiger und versagender Mensch zu sein, aber durch den Kreuzestod Jesu, hier die „Blutgerechtigkeit", jederzeit wieder angenommen und wertvoll zu sein, ja, mit vielen Gaben und Fähigkeiten ausgestattet, die im Alltag der Brüdergemeine ganz praktisch zur Geltung kommen konnten. Im Unterschied zu den Pietisten waren die Menschen in Herrnhut ganz auf den Gekreuzigten konzentriert und damit dem Anliegen der Reformation viel näher, als die, welche hauptsächlich auf sich selbst schauten und über die Fortschritte in der eigenen Heiligung nachgrübelten!

Manche ihrer Formulierungen sind uns heute recht fremd, unverständlich oder kitschig; andere eher fremd in ihrer Ausdrucksstärke wie folgender Vers eines Passionsliedes, der den gekreuzigten Jesus besingt:

„Funkle mir, bis ich mich tot geblicket, Haupt, als wie ins Blut getaucht,
Stirne, dran ich hange mein Entzücken, Stirne, die von Angstschweiß raucht,
Meinem Sündenscheitel eine Krone, meinen Augen eine blutge Sonne,
Meinem Angesicht ein Glanz, meinem Haupt ein Dornenkranz".

Vergessen wir nicht, dass nicht, dass Henriette Louise Henriette Louise inmitten einer Welt lebte, die nicht abgeschlossen war vom übrigen Europa, sondern durch die vielen Aristokraten innerhalb der Brüdergemeine und deren familiäre und sonstige Verbindungen mit dem Zeitgeist regen Austausch hatte. Manches der idyllischen Bilder, der Schäfergedanken ist auch zu verstehen auf dem Hintergrund des europäischen Rokoko, der künstlichen Schäferwelt und der Natursehnsucht der Adligen jener Epoche. So ist auch Henriette Louises Gesangbuchlied keineswegs nur als „niedlich" oder „kindlich" zu verstehen, sondern von der biblischen Sprache (Psalm 23!) her wie auf dem Hintergrund ihrer Zeit.

„Weil ich Jesu Schäflein bin
freu ich mich nur immerhin
über meinen guten Hirten,
der mich wohl weiß zu bewirten,
der mich liebet, der mich kennt,
und bei meinem Namen nennt.

Unter seinem sanften Stab
geh ich aus und ein und hab
unaussprechlich süße Weide,
daß ich keinen Hunger leide;
und sooft ich durstig bin,
führt er mich zum Brunnquell hin.

Sollt ich nun nicht fröhlich sein,
ich beglücktes Schäfelein?
Denn nach diesen schönen Tagen
werd ich endlich heimgetragen
in des Hirten Arm und Schoß.
Amen, ja, mein Glück ist groß."

Ursprünglich war dieses Lied garnicht als Kinderlied gedacht, sondern als Abendmahlslied. Die Dichterin versteht es als Ausdruck der Beglückung, die wir, sinnenhaft und geistlich zugleich, im Heiligen Abendmahl erfahren können. Daß allerdings mit Kindern dieses Lied gern gesungen wurde und wird, zeigt vielleicht auch, wie gut Henriette Louise die Bedürfnisse von Kindern - und nicht nur diesen! - erfaßt hatte, das Bedürfnis nämlich, in einer bedrohlichen Welt einen Ort der Geborgenheit für Leib und Seele zu finden, so wie sie selbst es in der Brüdergemeine als einem Ort der Gegenwart Christi gefunden hatte.

Julie von Hausmann (1826-1901)

(J v hausmann“ von Bei dieser Datei fehlen Angaben zum Autor. - www.cyberhymnal.org/non/de/snimmdmh.htm. Lizenziert unter Public domain über Wikimedia Commons)

Allen Pfarrern zum Trotz hält das Volk am Lied „So nimm denn meine Hände“ eisern fest - allen Versuchen, es als kitschig und gar auch theologisch bedenklich zu verwerfen, trotzen die unzähligen Frauen und Männer in vielen Generationen und verschiedenen Ländern, die sich dieses Lied zu Beerdigungen wünschen.

Die Dichterin Julie von Hausmann hat mit ihrem Lied einen Nerv der Menschen getroffen und der Komponist Friedrich Silcher hat durch seine Melodie die emotionale Wirkung noch verstärkt.

Wer war diese Dichterin?

Sie gibt uns Rätsel auf: einerseits, nach einem Bild, hart und verschlossen, in sich gekehrt und, nach ihren Gedichten zu schließen, von einer tiefen Innerlichkeit. Andererseits sind die Orte ihres Lebens keineswegs die ländliche Idylle ihrer baltischen Heimat: eher zeichnet Julie von Hausmann eine gewisse Ruhelosigkeit aus: sie lebt in Biarritz und dann hauptsächlich in St. Petersburg, nach Reisen durch Deutschland, die Alpen und die Pyrenäen. Sie zählt sich zu den „Stillen im Lande“, veröffentlicht dann aber doch vier Bändchen geistlicher Lyrik sowie ein 700 Seiten starkes Andachtsbuch für Hausangestellte mit dem Titel „Hausbrot“. Dies zeugt eher von Ausdrucksstärke als von Sprachlosigkeit!

Sie wurde am 7. März 1826 März 1826 in Riga geboren, geboren, als Tochter von dem Gymnasialoberlehrer Johannes Michael von Hausmann und der Julie von Magnus. Julie von Hausmann war die vorletzte von sechs Töchtern.

Die Zeit als Konfirmandin muss für sie sehr bewegend gewesen sein, ihr Pfarrer war Theodor Neander, von dem sie den Anstoß erhielt, ihr Leben als eine bewusste Jüngerin Jesu zu gestalten.

Wann sie begann, geistliche Lieder zu dichten, wissen wir nicht.

Sie war sehr menschenscheu, hatte allerdings lebenslang ihre Schwestern um sich. Besonders Johanna, die Jüngste, die hochmusikalisch war und eine Ausbildung als Organistin erhalten hatte, wurde von Julie verehrt und geliebt. Auch die anderen Schwestern waren wichtig für ihren Lebenslauf: da Julie wegen Kränklichkeit sozusagen auf dem Arbeitsmarkt als Gouvernante „schwervermittelbar“ war, konnte sie ihren Lebensunterhalt nicht selbst verdienen, aber sich doch in der Familie ihrer verheirateten Schwestern nützlich machen. Julie von Hausmann lebte zu einer Zeit, als für Frauen Heirat und Kinderaufziehen als das Normale galt - immer mit bestimmten Unterschieden, je nach sozialer Klasse. In Russland, zu dem Kurland damals ja gehörte, wurde die Leibeigenschaft erst 1861 aufgehoben. Gab es im Haushalt der Familie von Hausmann Hausmann deshalb noch deshalb noch unfreie Dienstboten? Vermutlich nicht, da der Vater kein Grundherr war - aber abhängiges Hauspersonal war gewiss da. Julies Andachtsbuch für die Dienstboten könnte ein Hinweis sein, dass die Lage der im Haus abhängig Arbeitenden sie beschäftigte, zwar nur aus religiöser Sicht, aber Julie hat sie nicht übersehen.

Warum sie selbst nicht heiratete, ist unklar. Es gibt die Geschichte, Julie sei mit einem Missionar verlobt gewesen, der aber an einer heimtückischen Krankheit verstorben war, als sie auf der Missionsstation ankam. Nehmen wir an, diese überlieferte Geschichte war so - vielleicht hat sie auf dieser Reise, die nur eine unter vielen war, das Gedicht „Auf der Reise“ geschrieben:

„So hab’ auf’s Neu’ die Heimath ich verlassen;
bald trennen hundert Meilen mich von ihr.
Gieb mir die Hand, ich will sie fester fassen,
mein Gott, und bleib allüberall bei mir.
Und was auch kommen mag in Lust und Leiden,
laß mich nur nichts von Deiner Liebe scheiden!

Es wird ja in der kalten, fremden Ferne
die Sonne auch wohl ihre Funken sprüh’n,
es werden auch die Wolken und die Sterne
nach Deinem Willen ihre Straße ziehn; -

Ich will nicht weinen, - weinen, - Herr, ich traue Dir, traue Dir,
Ich geh' wie Du mich führst; - nur bleib bei mir!"

Diese Gefühle könnten wir gut nachempfinden - allein auf einem Schiff einer ungewissen Zukunft in einem fremden Land entgegen, da braucht ein junges Mädchen gewiss viel Ermunterung und Gottvertrauen; auch die späteren Reisen Julies waren nicht mit heutigen Ferienreisen vergleichbar. Um die Mitte des 19. Jahrhunderts reiste Julie aus dem Baltikum im hohen Norden nach Südfrankreich: ihre begabte Schwester Johanna hatte im Seebad Biarritz eine Stelle als Organistin in der anglikanischen Gemeinde angenommen, Julie wollte ihr den Haushalt führen. Warum auch die Schwester Johanna nicht heiratete und, ihrer Zeit gut 100 Jahre voraus, als berufstätige Frau im kirchlichen Dienst lebte, wissen wir nicht, es fällt zumindest auf. Offenbar waren die Eltern Hausmann doch nicht so konservativ, dass sie ihre Töchter „zwangsverheiratet" hätten, wie es in anderen Familien vielleicht damals der Fall war. Auch die älteste Schwester von Julie muss irgendwie qualifiziert gewesen sein, sonst hätte sie wohl nicht ebenfalls berufstätig sein können: sie wurde Direktorin der St. Annenschule für Mädchen in St. Petersburg.

Vier Jahre lebte Julie in Südfrankreich. Biarritz war durch die Kaiserin Eugenie zu einem mondänen Seebad aufgestiegen. Sollte kein Sollte kein eleganter eleganter Offizier Julie den Hof gemacht haben? Oder lebte sie so zurückgezogen? Aber vielleicht hatte sie ja auch Grund, vor den Lockungen der Welt zu warnen. Wir können es nur vermuten.

Ihre Kränklichkeit und ihre Kopfschmerzen ließen sie zudem Reisen unternehmen auf der Suche nach Heilung: so kam sie in verschiedene Kurorte Deutschlands sowie in die Tiroler und Schweizer Alpen.

Aber eine durchgreifende Heilung erfuhr sie nicht. Waren die Kopfschmerzen ein Widerstand des Körpers gegen gesellschaftlich auferlegte Zwänge? Julie von Hausmann fand einen Förderer, der ihre Gedichte drucken ließ, den Berliner Pfarrer Gustav Knak. Er hatte durch eine Freundin Julies von ihrer Dichtung gehört und wollte sie in Druck geben. Der Erlös sollte sozialen Einrichtungen zugute kommen, dem Haus Bethesda in Berlin und dem Waisenhaus gleichen Namens in Hongkong. Julie, die Bescheidene, wollte zuerst nicht einwilligen, schon gar nicht unter ihrem Namen, erst als Pfarrer Knak versprach, ihre Gedichte als „Lieder einer Stillen im Lande“ zu drucken und von der Verwendung des Erlöses erzählte, gab Julie nach. 1862 wurden ihre Gedichte, die „Maiblumen“ veröffentlicht und fanden einige Beachtung, ja, es konnte später geschehen, dass Leute Julie extra aus Neugier besuchen wollten - was was diese nun wiederum wiederum überhaupt nicht schätzte!

Sie lebte in einer innigen Beziehung zu Christus; mit dieser ganz persönlichen Frömmigkeit steht sie in der Tradition des Pietismus, der „Stillen im Lande“, wie sie seit dem 18. Jahrhundert auch genannt wurden. Wer allerdings dichtet, ist nicht absolut „still“ im Sinne von „stumm“, sondern hat etwas zu sagen und auszudrücken - Julie von Hausmann gewiss auf zurückgezogene Art, aber mit einer beachtlichen Intensität und Gefühlsstärke.

1870 zog Julie von Hausmann wieder in den Nordosten: sie wurde eine Art Hausdame in der St. Annenschule in St. Petersburg, deren Leitung, wie erwähnt, ihre älteste Schwester innehatte. Dort führte Julie das „innere Hauswesen“, gab nebenbei Klavierstunden und lebte ein „stilles“ zurückgezogenes Leben. Inwieweit dies so genau stimmt, weiß ich nicht - lebte Julie von Hausmann nicht in der gleichen Zeit in St. Petersburg, als dort das gesellschaftliche Leben ein einziger Rausch voller Bälle, Intrigen, erotischen Funken, Duellen und Salongesprächen war, wie wir es aus der russischen Literatur kennen? Oder hat sie gerade deshalb auch so stark auf ihre Abgrenzung zur „Welt“ gepocht, um ihre eigene Identität zu schützen? Ihr berühmtestes Lied wäre auch zu verstehen als ein Flehen gegenüber dem Ansturm bedrohlicher Gefühle und Erfahrungen:

„So nimm denn meine meine Hände und führe führe mich,
bis an mein selig Ende und ewiglich.
Ich mag allein nicht gehen, nicht einen Schritt;
wo Du wirst geh'n und stehen, da nimm mich mit.

In Dein Erbarmen hülle mein schwaches Herz,
und mach es endlich stille in Freud und Schmerz.
Laß ruh'n zu Deinen Füßen Dein armes Kind,
es will die Augen schließen und glauben blind,

Wenn ich auch garnichts fühle von Deiner Macht,
du bringst mich doch zum Ziele auch durch die Nacht.
So nimm denn meine Hände und führe mich,
bis an mein selig Ende und ewiglich!"

Julie von Hausmann drückt hier ein tiefes, beinah kindliches Bedürfnis nach Geborgenheit aus - man hat ihr vorgeworfen, solche Sehnsüchte mit ihrem Lied zu fördern, anstatt erwachsene Menschen in ihrem Verantwortungsbewusstsein zu stärken. Deshalb lehnen auch viele Pfarrer ihr Lied ab. Auch mangelt ihren Versen eine Bewegung in der Gottesbeziehung, es geht nur um diese „blinde" Hingabe an Gott, ein gleichsam willenloses Sich-Führen-Lassen. Aber fordert etwa Dietrich Bonhoeffer in seinem Buch „Nachfolge" der Sache nach nicht ähnliches

von den Christen, nämlich, nämlich, dass „der Nachfolgende allein auf den sieht, dem er folgt“ und in strikter Konzentration ohne Wenn und Aber diesem Ruf Christi folgt? Sollte hier, in der Kritik an Julie von Hausmann, doch unterschwellig auch eine Rolle spielen, dass sie eine Frau und noch dazu keine Theologin war bzw. ja damals gar nicht sein konnte? Und waren ihre religiösen Gefühle wirklich so „naiv“?
Bei genauerem Hinsehen fällt ein Vers besonders auf:

„3. Wenn ich auch gar nichts fühle
von Deiner Macht,
Du bringst mich doch zum Ziele
Auch durch die Nacht.“

Nimmt man noch andere ihrer Gedichte hinzu, so begegnet dem Leser immer wieder die „Nacht“, die offensichtlich eine wichtige Rolle in ihrem Leben gespielt hat. Ein Biograph berichtet, dass sie noch ein weiteres Buch mit geistlichen Gedichten veröffentlicht habe unter dem Titel: „Bilder aus dem Leben der Nacht, im Lichte des Evangeliums“. Auch eines ihrer Gedichte in den „Maiblumen“ trägt den Titel: „In der Nacht“:

„Stunde auf Stunde
schleichet vorüber –

Schlaf! O wie lange lange
Willst du mich flieh'n?
Stille umgiebt mich
Dunkelheit deckt mich;
Wird es im Grabe
finsterer sein? –

Alles erfüllend,
alles durchdringend
wachet und schützet
Einer allein.

Und Seine Flügel
Hält Er gebreitet
Über die weite
Träumende Welt.

Herr, Deine Nähe
Laß mich empfinden,
fröhlich und selig
ruhen in Dir.
....
Wird denn das Dunkel
Nimmer mir schwinden,
nimmer der Nebel
weichen dem Licht?

Gott! Ach nur einmal
Stille mein Sehnen,
Dir in das heil'ge
Antlitz zu schau'n!

Endlose Nächte,
müh'volle Tage, -
alles dann trüg ich
willig und leicht."

Zum einen hatte Julie von Hausmann wohl zeitlebens unter Kopfweh und Migräne zu leiden – die Nächte, die sie schlaflos lag, waren gewiss zahlreich. Aber „Nacht" war für sie auch ein Bild für Schmerz und Gottesferne, für die „Nacht des Zweifels". Offensichtlich kannte sie neben der Geborgenheit im Glauben durchaus auch Zeiten der Unsicherheit, des Zweifels und der Abwesenheit Gottes.

Jedenfalls steht manches dagegen, die religiösen Dichtungen der Julie von Hausmann zu verniedlichen und zu verharmlosen. Schlaflose Nächte und chronische Schmerzen sind sicher auch seelisch bedingt, aber sie können auch durchlässig werden als Metapher und Gleichnis für geistliche Erfahrungen.

Wenn Julie von Hausmann „Nacht" als Bild für die Abwesenheit Gottes verstanden hat, so kann auch eigene

Schuld dahinter vermutet vermutet werden. Einmal Einmal dichtete sie in dem Gedicht „Der tiefste Schmerz“:

„Ist jede Sünde Trennung nicht von Gott,
die überall ins Leben bringt den Tod?
Wenn mir verhüllt ist Seine Lieb' und Huld
Und ich mir sagen muß: du selbst bist schuld!
Getrennt zu sein von dem, der uns geliebt,-
Das ist ein Schmerz, wie's keinen zweiten giebt;
Das ist der Frost, der auf die Blüthe fällt,
das ist die Nacht, von keinem Stern erhellt.“

Die Nacht als Bild auch für die eigene Schuld – ist das nur auf ein übersteigertes Schuldbewusstsein zurückzuführen? Wir wissen wenig über Julies Außenkontakte, etwa über Berührungen mit der russisch-orthodoxen Frömmigkeit in ihrer Stadt; in dieser Religiosität wird Schuld, aber auch Beichte und Vergebung, ja, die „Vergöttlichung“ des Menschen ernst und wichtig genommen.
Was kann ihre „Schwachstelle“, ihre Schuld gewesen sein? Vielleicht ihre Herbheit und Verschlossenheit, ihr abweisendes Wesen gegen andere ? Da muss sie sich ja schon einiges geleistet haben, was uns auch heute, in liberaleren Zeiten, verwundert: „Eines Tages beehrte eine der Großfürstinnen, die ihrem alten evangelischen Bekenntnis treu geblieben war, die Annenschule und sie befahl, daß man

sie auch in die Privaträume Privaträume der Vorsteherin Vorsteherin führe und sie ihr zeige. Im Eßzimmer waren die langen Tafeln für das Frühstück der Schülerinnen gedeckt, Julie stand dabei und beaufsichtigte die Arbeit. Da stellte man sie der hohen Dame als die Dichterin der „Maiblumen" vor, und mit herzlicher Freundlichkeit eilte die Fürstin auf sie zu und reichte ihr über den schmalen Tisch hinüber die Hand, Julie aber, ganz entsetzt und fassungslos, verneigte sich und verschwand eilig hinter dem großen Samovar, die hingestreckte Hand hatte sie in der Beunruhigung garnicht beachtet, und heftige Vorwürfe blieben ihr darum hernach nicht aus." Man stelle sich so etwas vor, noch dazu im Zarenreich! Mochte Julie auch unter Freundinnen anders sein, auch manchmal recht humorvoll, so ist dies Störrische und Herbe an ihrer Persönlichkeit doch ein wichtiger Punkt und ich vermute sehr, dass sie dies auch mit ihrem nachdenklichen Wesen erkannt hat und darunter als einer Schuld gelitten hat.

Vielleicht aber war es noch etwas: manche der Gedichte sind an eine „Schwester im Herrn" gerichtet und es wird von einer tiefen und unglücklichen Zuneigung zu einer anderen Frau, Olga von Karp, erzählt - hatte Julie von Hausmann eher Empfindungen für Frauen? Denkbar wäre es schon - umso härter müsste auf jeden Fall ihre Gewissensnot gewesen sein, nicht nur aus religiösen Gründen, sondern auch aus gesellschaftlichen. 1893 starb in der gleichen Stadt der

Komponist Peter Tschaikowsky - man man vermutet erzwungenen Selbstmord, da er Feinde hatte, die ihm seine gleichgeschlechtlichen Neigungen verübelten. Auch Tschaikowsky selbst versuchte immer wieder verzweifelt, gegen die Neigungen anzugehen - aber vergebens. Könnte es sein, dass in einem ganz anderen Milieu, dem der deutschen Protestanten, Frauen wie Julie von Hausmann dem gleichen Zwang und Druck unterlagen, demgegenüber es kaum eine Lösung in dieser Zeit und dieser Gesellschaft geben konnte? Eines der Gedichte „An meine Schwester im Herrn" drückt ihre tiefe Verbundenheit mit der geliebten Freundin aus, aber genauso auch die gelungene „Umschmelzung" dieser Gefühle durch den gemeinsamen Glauben, die gemeinsame Hingabe an Gott:

„Wenn Gott mich ruft von hinnen, der letzte Kampf beginnt,
dann mußt du zu mir eilen, du liebes, treues Kind!

Hilf mir die Hände falten, wie wir es oft getan,
und Ihn, Ihn laß mich halten, so fest ich immer kann.

Auf meine Augen beide drück dann die Lippen dein,
daß unter deinem Kusse, ich selig schlumm're ein.

Du weißt, es gibt kein Scheiden, wenn e c h t die Liebe ist,

ich nehm dich mit hinüber, hinüber, weil du mein eigen
mein eigen bist.

...

Wir halten uns umschlungen, verklärt in Seinem Licht;
die Lieb', die gottgeweihte, sie stirbt im Tode nicht.“

Aber dies sind nur Vermutungen - wir wissen nicht viel bis jetzt über die verborgene innere Geschichte der Julie von Hausmann, aber ich denke, ihre Gedichte drücken gewiss auch Teile ihrer inneren Biographie aus.

Da jetzt wieder eine neue deutsche evangelische Gemeinde in St. Petersburg entstanden ist, deren Gebäude neben dem Haus der St. Annenschule ist, könnte es sein, dass allmählich das Interesse an Julie von Hausmann wächst und auch diese volkstümliche Dichterin mehr erforscht wird.

1896 starb ihre jüngste Schwester an der Influenza, für Julie ein schrecklicher Schlag, der sie fast am Leben verzweifeln ließ und ihr eine langwierige Krankheit brachte. Johanna, die Musikerin, wurde von Julie verehrt und geliebt; verständlich, dass deren Tod ihr ein verzehrender Schmerz war. Aber Gott erhielt Julie noch etliche Jahre am Leben - hat sie in dieser Zeit noch Lieder gedichtet? Wie das oben zitierte Gedicht zeigt, hat sie sich wohl stets mit dem Gedanken an das eigene Sterben vertraut gemacht. Im Sommer 1901 kamen alle Mitglieder der Familie in das russische Seebad Wösso am estnischen Strand, um dort Ferien zu machen. Dort bekam

Julie dieselbe Krankheit wie Krankheit wie vor Jahren, Jahren, diesmal war es das Ende: „In den letzten Stunden war sie noch bei klarem Bewußtsein, und ihr Auge strahlte in überirdischem Glanz, sie durfte heimgehen zu dem, der sie geführt hatte an Seiner Hand bis an ihr selig Ende“. Es war nicht möglich, ihren Sarg nach St. Petersburg zu bringen; so liegt sie in Esko auf dem Privatfriedhof der Familie Fock aus Sagad begraben - in weiter Ferne für uns in Deutschland, aber in ihrem Lied „So nimm denn meine Hände“ seit fast 100 Jahren auch bei uns weiterlebend!

Benutzte Quellen und Literatur wie auch weiterführende Literatur:

Zur Lage der Frauen in der Frühen Neuzeit:

Heide Wunder, „Er ist die Sonn, sie ist der Mond“. Frauen in der Frühen Neuzeit, München 1992.

Zu den Liederdichterinnen allgemein::

Joh. Caspar Wetzel, Historische Lebensbeschreibung der berühmtesten Liederdichter, Herrnstadt 1719.

Otto Friedrich Hörner, Nachrichten von Liederdichtern des Augspurgischen Gesangbuchs, 1775.

Gottlieb Lebrecht Richter, Allgemeines biographisches Lexikon alter und neuer geistlicher Liederdichter, Leipzig, 1804.

F.A. Cunz, Geschichte des Kirchenliedes, Leipzig 1855.

Eduard Emil Koch, Geschichte des Kirchenlieds und Kirchengesangs der christlichen, insbesondere der deutschen evangelischen Kirche, 3. Aufl. Stuttgart 1866ff.- 8 Bände, Neudruck Hildesheim/New York 1973.

Elisabeth Schneider-Böklen, Der Herr hat Großes mir getan. Frauen im Gesangbuch. Stuttgart 1995.

Wolfgang Herbst (Hg.), Wer ist wer im Gesangbuch? Göttingen 2001

Linda Maria Koldau, Frauen – Musik – Kultur. Ein Handbuch zum Sprachgebiet der Frühen Neuzeit, Köln 2005.

Siehe auch die Frauenbiographien im Internet unter www.frauen-und-reformation.de

zu Elisabeth Cruciger:

Franz A. Cunz, Geschichte des Kirchenliedes, Leipzig 1855, S. 155ff.

Otto Clemen, Ein Brief eines getauften Juden in Stettin aus dem Jahr 1524, in: Pommersche Jahrbücher, hg.v. Rügen-Pommerschen Geschichtsverein, 8. Band, Greifswald 1907, S. 175-180.

Hans Volz, Woher stammt die Kirchenlied-Dichterin Elisabeth Cruciger?, in: Jahrbuch für Liturgik und Hymnologie 11,1966 (ersch.1967), S. 163-165.

Eduard Emil Koch, Geschichte des Kirchenlieds und Kirchengesangs der christlichen, insbesondere der deutschen evangelischen Kirche,

3.Aufl.Stuttgart 1866ff.- 8 Bände, Neudruck Hildesheim/New Hildesheim/New York 1973, Bd. 1, S. 282ff.

Elisabeth Schneider-Böklen, Elisabeth Cruciger - die erste Dichterin des Protestantismus, in: Gottesdienst und Kirchenmusik 2/1994, S. 32-40; dort nähere Quellenangaben.

Dies., Der Herr hat Großes mir getan. Frauen im Gesangbuch. Stuttgart 1995, S. 11 – 23.

Dies., Art. Cruciger, Elisabeth, geb. von Meseritz, in: Wolfgang Herbst (Hg.), Wer ist wer im Gesangbuch? Göttingen 2001, S. 65f.

Mary Jane Haemig, Elisabeth Cruciger (1500?-1535): The Case of the Disappearing Hymn Writer, in: Sixteenth Century Journal 31/1, 2001, S. 21-44.

Albrecht Classen, Elisabeth Creutzigerin oder Crucigerin, in: Albrecht Classen, „Mein Seel fang an zu singen“. Religiöse Frauenlieder des 15.-16. Jahrhunderts. Kritische Studien und Texteditionen (Studies in Spirituality, Supplement 6), Leuven u.a., 2002, S. 258-265.

Linda Maria Koldau, Frauen – Musik – Kultur. Ein Handbuch zum Sprachgebiet der Frühen Neuzeit, Köln 2005, S. 419 – 423.

Elisabeth Schneider-Böklen, Gottesdienst mit Liedpredigt über „Herr Christ, der einig Gotts Sohn“, Gottesdienstinstitut der Evang.-Luth. Kirche in Bayern, Nürnberg 2005.

Siehe auch die Internetseiten zu Elisabeth Cruciger bei www.wikipedia.de und im Biographisch-Bibliographischen Kirchenlexikon www.bbkl.de .

zu Ämilie Juliane von Schwarzburg-Rudolstadt:

Der Freundin des Lammes täglicher Umgang mit Gott, Leipzig und Rudolstadt 1714.

Leichenpredigt Nr. 5526 aus der Stolberg-Stolbergschen Leichenpredigtensammlung: Schwartzburgisches Denckmahl einer Christ-Gräflichen Lammes-Freundin, o. J.

Brigitte Archibald, Ludamilia Elisabeth, Gräfin von Schwarzburg-Hohnstein and Aemilia Juliane, Gräfin von Schwarzburg-Rudolstadt: Two Poets of the Seventeenth Century, Diss. Tennessee 1975.

Elisabeth Schneider-Böklen, Leben und Werk der Ämilie Juliane Juliane von Schwarzburg-Rudolstadt, in: Gottesdienst und Kirchenmusik 5/1993, S. 126-135;

Martin H. Jung, Frauen des Pietismus: Von Johanna Regina Bengel bis Erdmuthe Dorothea von Zinzendorf. Zehn Porträts, Gütersloh 1998, S. 11-26.

Judith P. Aikin, Die Letzte ihres Geschlechts. Aemilie Juliane von Schwarzburg-Rudolstadt als letzte Gräfin von Barby, in: Blätter der Gesellschaft für Buchkultur und Geschichte, Rudolstadt 2001, S. 9-37.

Elisabeth Schneider-Böklen, Art. Ämilie Juliane Reichsgräfin von Schwarzburg-Rudolstadt, in: Wolfgang Herbst (Hg.), Wer ist wer im Gesangbuch? Göttingen 2001, S. 292f.

Susanne Schuster, Aemilie Juliane von Schwarzburg-Rudolstadt und Ahasver Fritsch. Eine Untersuchung zur Jesusfrömmigkeit im späten 17. Jahrhundert, Leipzig 2006 (dort die umfassendsten Quellen- und Literaturangaben).

Siehe auch die einschlägigen Internetseiten zu Ämilie Juliane von Schwarzburg-Rudolstadt bei wikipedia und im Biographisch-Bibliographischen Kirchenlexikon unter www.bbkl.de.

zu Magdalena Sibylla Rieger:

Daniel Wilhelm Triller (Hg.), Frauen Magdalenen Sibyllen Riegerin, gebohrner Weissenseein, Versuch einiger Geistlichen und Moralischen Gedichte in den Druck übergeben, Frankfurt/M. 1743.

Ders., Magdalenen Sibyllen Riegerin, geb.Weissenseein...Geistlich- und Moralischer, auch zufällig-vermischter Gedichte Neue Sammlung... Stuttgart 1746.

Johann Philipp Glökler, Magdalena Sibylla Rieger, in: Ders., Aus der Frauenwelt. 2. Aufl. der „Schwäbischen Frauen“, Stuttgart 1868, S. 186-231.

Lion Feuchtwanger, Jud Süß, München 1918 (Drama) und 1925 (Roman).

Elisabeth Schneider-Böklen, Magdalena Sibylla Rieger/ 1707-1786. Eine geistliche Dichterin mit Langzeitwirkung, in: Württembergische Blätter für Kirchenmusik 4, 1990, S. 123-130.

Dies., Art. Magdalena Sibylla Rieger, in: Walter Killy (Hg.), Literatur Lexikon, Band 9, Gütersloh/ München 1991, S. 450.

Dies., „Amen, ja, mein Glück ist groß“. Henriette Louise von Louise von Hayn (1724 – 1782) eine Dichterin des Herrnhuter Pietismus, Herrnhut 2009.
Dies., Wer darf (religiöse) Erfahrung kontrollieren? Die Auseinandersetzung in der Herrnhuter Brüdergemeine um das seelsorgerliche „Einzelsprechen“ der ledigen Schwestern (1771), in: Udo Sträter (Hg.), „Aus Gottes Wort und eigener Erfahrung gezeiget“. Erfahrung – Glauben – Erkennen und Handeln um Pietismus. Beiträge zum III. Internationalen Kongress für Pietismusforschung 2009, 2 Bde., Halle 2012, S. 473 - 480.

Siehe auch die Internetseite im Biographisch-Bibliographischen Kirchenlexikon www.bbkl.de .

zu Julie von Hausmann:

Julie von Hausmann, Maiblumen. Lieder einer Stillen im Lande, dargest. von Gustav Knak, 4 Bändchen, 1861-79;

Dies., Bilder aus dem Leben der Nacht im Lichte des Evangeliums, o. O. 1868

Dies., Hausbrot, Kassel 1896 (?);

Dies., Blumen aus Gottes Garten. Lieder und Gedichte, o. O. Gedichte, o. O. 1902 (postumer Sammelband)

Hermann Barth, Julie Hausmann, in: Unsere Kirchenliederdichter. Lebens- und Charakterbilder. Mit einer Einleitung von Wilhelm Nell 1905, S. 619ff.

Hermann Petrich, Unser geistliches Volkslied, Gütersloh 1920, S.193ff.
Waltraud Ingeborg Sauer-Geppert, So nimm denn meine Hände... in: Jahrbuch für Liturgie und Hymnologie, Band 27, 1983, S. 207 – 217.

Elisabeth Schneider-Böklen, Hausmann, Julie, in: Wolfgang Herbst (Hg.), Wer ist wer im Gesangbuch? Göttingen 2001, S. 134.

Siehe auch die einschlägigen Internetseiten zu Julie Hausmann bei wikipedia und im Biographisch-Bibliographischen Kirchenlexikon unter www.bbkl.de.

MIX
Papier aus verantwortungsvollen Quellen
Paper from responsible sources
FSC® C105338

Printed by Books on Demand GmbH, Norderstedt / Germany